KB177194

청소년 인권 학교

10대와 통하는 청소년 인권 학교

제1판 제1쇄 발행일 2014년 10월 9일

제1판 제4쇄 발행일 2017년 4월 22일

글 | 홍세화, 오인영, 안수찬, 조광제, 한재훈, 오창익

기획 | 인권연대

편집 | 책도둑(박정훈, 박정식, 김민호)

디자인 | 이안디자인

펴낸이 | 김은지

펴낸곳 | 철수와영희

등록번호 | 제319-2005-42호

주소 | 서울시 마포구 월드컵로 65, 302호 (망원동, 양경회관)

전화 | (02)332-0815

팩스 | (02)6091-0815

전자우편 | chulsu815@hanmail.net

ⓒ 인권연대 2014

ISBN 978-89-93463-58-3 43300

철수와영희 출판사는 '어린이' 철수와 영희, '어른' 철수와 영희에게 도움 되는
책을 펴내기 위해 노력하고 있습니다.

10대와 통하는

청소년 인권 학교

기획 — 인권연대

글 = 홍세화 · 오인영 · 안수찬 · 조광제 · 한재훈 · 오창익

철수와영희

꿈을 펼칠 수 있는 세상,
인권 공부에서 시작됩니다

평화!

세상에는 아픈 사람들이 참 많습니다. 건강이 좋지 못하거나 병 때문에 고생하는 사람만 아픈 건 아니랍니다. 하고 싶은 일을 하지 못하는 사람들, 꿈을 이루지 못하거나 뜻을 펼치지 못해서 아픈 사람들도 많습니다. 아무리 열심히 일해도 가난을 벗어나지 못하는 사람들도 있고, 억울한 일을 당하거나 잔혹한 상황에 놓인 사람들도 적지 않습니다. 뉴스를 보기가 겁날 정도로 이런 사람들의 아우성이 도처에서 들려옵니다.

해서 사람들은 스스로 다짐하기도 합니다. 경쟁이 치열한 세상, 경쟁에서 탈락한 패배자에게는 최소한의 관용이나 배려도 없는 세상을 살아가기 위해서는 좀 더 열심히 노력해야 한다고 말입니다. 그런데 참으로 이상한 일은 예전보다 훨씬 더 많은 노력을 기울여도, 그야말로 '단군 이래 최고 스펙'을 쌓아도 그 어려움을 벗어나기는 결코 쉽지 않다는 것입니다.

어느 시대나 어떤 곳에서나 어려움은 늘 있어 왔지만, 우리가 겪는 어려움은 좀체 빠져나올 수 없는 늪처럼 여겨지기도 합니다. 과연 우리에게 희망은 있는 걸까요?

우리는 그 희망, 지금과는 다른 새로운 세상, 억울한 사람들이 줄어들고, 청소년과 젊은이들이 제 꿈을 제대로 펼칠 수 있는 세상을 꿈꾸고 있습니다. 여럿이 함께 꿔야 꿈도 이뤄진다고들 하죠. 그래서 인권연대는 함께 꿈꿀 수 있는 다양한 자리를 만들고 있습니다. 인권연대에서 진행하고 있는 '청소년 인권 학교'도 그런 자리 중의 하나입니다. 아직은 온통 희망뿐인 청소년들과 함께 제대로 꿈꾸기 위한 자리입니다.

'청소년 인권 학교'는 평소 학교생활을 하면서는 쉽게 뵐 수 없었던 각계의 선생님들을 모시고 진행했습니다. 선생님들은 최선을 다해 배움을 나눠 주셨고, 청소년들은 끝없이 이어지는 질문을 통해 적극적으로 교육 활동에 참여했습니다. '청소년 인권 학교'에 참여했던 40여 명의 청소년들은 참으로 귀한 배움을 얻었다고, 또 큰 꿈을 꾸게 되었다고들 했습니다. 그렇지만, 아쉬웠습니다. 이런 배움의 기회를 만나지 못한 청소년들이 너무 많았기 때문입니다. 그래서 이 책을 내게 되었습니다. '청소년 인권 학교'에 참여했던 청소년들이 느꼈던 그 벅찬 감동을 보다 많은 이들과 나누기 위해서입니다.

이 책은 2014년 1월 21일부터 23일까지 2박 3일 동안 강화도 산마을고등학교에서 열린 제2기 '청소년 인권 학교'에서의 강의와 질의응답을 엮은 것입니다. 홍세화, 오인영, 조광제, 안수찬, 한재훈 선생님과 제가 강의를 맡았습니다. 모두들 각계의 전문가이자 양심적 지식인으로, 보다 나은 세상을 위해 여러 가지 노력을 기울이시는 귀한 분들입니다.

이 책을 읽는 청소년들은 그날 그 자리에 함께 있지는 않았지만, 마치 그 순간을 함께한 것과 같은 감동을 느낄 수 있을 겁니다.

이 책은 보다 나은 삶을 살고자 하는 청소년들을 위한 어른들의 조언이기도 합니다. 그러나 고리타분하고 따분한 이야기만 늘어놓은 건 결코 아닙니다. 무엇보다 청소년들에 대한 사랑을 바탕으로 하고 있습니다. 끊임없이 생각하라는 조언은 기성세대의 가치를 무조건 따르고 순응하기보다는 합리적으로 의심하기를 권하는 말이기도 합니다. 익숙한 것이라고 무조건 옳은 것은 아닐 수 있으니 끝없이 생각에 생각을 거듭해서 나만의, 그리고 나와 이웃을 위한 좋은 결론을 얻기를 바라는 겁니다. 배우고 익히고, 생각하고 또 생각하는 과정이 곧 삶의 의미를 찾고, 사람답게 살고자 노력하는 과정이 될 겁니다.

우리 청소년들이 자신을 좀 더 긍정하고 사랑할 수 있도록 도와줄 내용도 담겨 있습니다. 비록 현장에 함께 있지는 못했지만, 이 책을 통해 그 추웠던 겨울에 참가자들이 느꼈던 뜨거웠고, 뭉클한 무언가를 여러분도 느낄 수 있을 겁니다.

멀리 강화도까지 와서 행사에 참석한 청소년들, 이제 고 3이 되는데 무슨 합숙 교육이냐고 반대하는 부모님께 긴 손편지를 쓰고서야 겨우 허락을 받고 행사에 참여한 여학생부터, 평소 궁금했던 것을 다 풀어 버리겠다고 질문을 거듭했던 남학생까지……. 모두 고맙습니다. 강의는 물론 원고를 다듬는 번거로운 일까지 맡아 주신 강사 선생님들, 장소를 빌려 주신 강화도 산마을고등학교 안성균 교장 선생님, 일정 내내 함께해 주신 노광훈·이상호 선생님께 감사드립니다. 그리고 책을 만드는 과정에 참여한 '철수와영희'에서 일하는 분들과 인쇄 노동자 여러분들께도 감사드립니다.

떨리는 마음으로 한 권의 책을 내놓습니다. 책 속에 삶이 있고, 책 속에 길이 있다지만, 책을 가까이하는 사람들은 별로 없습니다. 쏟아지는 정보의 홍수 속에서 이 책이 우리가 바라는 대로, 청소년들을 제대로 만날 수 있을지 걱정되기도 합니다. 하지만, 정성을 다했으니 좋은 만남도 가능하겠죠. 이 책을 통해 우리 청소년들이 얼마큼이라도 성장할 수 있었으면 합니다.

늘 고맙습니다.

인권연대 오창익 드림

6

차례

1강. 생각과 인권

홍세화
(협동조합 '가장자리' 이사장)

항상 생각해야 해요. 나와 사회의 부족한 점, 내 안에 도사린 차별 의식, 은연중에 우리에게 주입되는 지배 세력의 가치들, 이런 것들을 하나하나 점검해 보아야 합니다. 그리고 스스로 질문을 던져야 해요. 지금 나는 건강한가? 나의 생각은 건강한가? 의심스럽다면 서가에서 책을 꺼내 들고, 그래도 풀리지 않는다면 다른 사람과 그 문제에 대해 토론하는 겁니다. 그러다 보면 뜻을 같이하는 사람들이 생겨요. 그렇게 해서 우리 사회는 한 걸음씩 앞으로 나갈 수 있을 것입니다.

안녕하세요. 홍세화입니다. 오늘 함께 나눌 이야기의 주제는 '생각과 인권'인데요, 먼저 '생각'이란 무엇인가에 대해 이야기를 나눠 보겠습니다.

"나는 생각한다. 그러므로 나는 존재한다."

유명한 데카르트의 명제입니다. 무슨 뜻이지요? 흔히 인간을 '생각하는 동물'이라고 하지요. 그만큼 '생각'이 인간 존재를 규정하는 중요한 요소라는 것입니다.

그렇다면 '생각'이란 과연 무엇일까요? 우리가 태어날 때부터 가지고 있었을까요? 아니면 살아가면서 만들어진 걸까요? 지금부터 하나하나 살펴보도록 하겠습니다.

내 생각은 어디에서 왔는가

인간은 다른 모든 생명체가 그렇듯 육체를 가집니다. 건강한 몸은 생존의 필수 조건이에요. 그래서 우리는 몸이 아프면 병원을 찾습니다. 진찰실에 들어가면 의사가 묻지요. "어디가 아파서 오셨나요?" "머리도 아프고, 배도 아프고……." 우리는 증상을 구체적으로 말합니다. 그래야 제대로 된 처방을 받을 수 있잖아요.

환자가 의사 앞에서 이런저런 증상을 말로 전달할 수 있는 이유는 우리가 몸의 이상을 '자각'할 수 있기 때문입니다. 머리가 아프고 열이 나고 기침이 난다면 감기일 가능성이 큽니다. 딱히 의사가 아니더라도 알 수 있죠. 하지만 모든 병이 그런 것은 아닙니다. 특히 큰 병일수록 자각 증상이 없어요. 어떤 종류의 암은 말기가 될 때까지 별다른 증세가 나타나지 않습니다. 특별히 아픈 곳이 없어도 종합 건강 검진 같은 것을 받는 이유이지요. 몸이 느낄 수 없는 이상을 의료 기기의 도움으로 파악하는 겁니다.

몸의 건강은 그렇게 지킬 수 있어요. 그럼 '생각'의 건강은 어떻게 유지하죠? 몸에 비해 어렵습니다. 왜냐하면 '생각'은 현재를 고집하려는 경향이 있기 때문이에요. '생각'은 아파도 병원 갈 생각을 안 합니다. 오히려 고집을 피우지요. 이대로 내버려 둬, 하고 말입니다.

여러분 혹시 친구나 가족의 생각을 바꾸려고 해 본 적 있습니까? 쉽지 않지요. 토론이 잘 안 되는 이유도 생각의 이런 속성 때문입니다. 인간은 자기 생각을 고집하고 싶어 해요. 여러분이나 저나 마찬가지입니다. 그래서 건강한 생각을 유지하려면 노력을 기울여야 해요.

끊임없이 자기를 의심해야 합니다. 내 생각이 맞는지, 혹시 틀린 생각을 고집하고 있지는 않은지 말이에요. 데카르트가 진리를 얻는 방법으로 회의론을 사용한 것도 그런 이유입니다. '회의(懷疑)'란 무엇입니까? 바로 의심하는 것입니다.

따라서 데카르트의 "나는 생각한다. 그러므로 나는 존재한다"는 명제는 "나는 회의한다. 그러므로 존재한다"로 이해하는 것이 맞습니다. 그리고 우리가 일상에서 이를 실천하려면 노력이 필요합니다. 왜냐하면 아까도 말씀드렸지만, 인간에게는 자기 생각을 고집하려는 속성이 있기 때문이에요. 생각의 문을 항상 열어 놓아야 합니다.

인간은 완벽한 존재가 아니에요. 자신의 불완전함을 인정하고 노력해야 합니다. 여러분이 앞으로 어른이 되고 나이 든 노인이 되더라도 말이에요. 쉬운 일은 아닙니다. 주변에 생각의 문이 닫혀 있는 사람들, 자기 고집만을 강요하는 사람들이 얼마나 많습니까? 우리 사회에는 이성적으로 설득이 안 되는 사람들이 참으로 많습니다. 그런 사람들이 많으면 성숙한 사회로 가기 어려워요.

생각의 문을 열어 놓을 때 변화의 가능성이 있습니다. 내가 틀릴 수도 있다는 생각을 해야 합니다. 그래야 건강하고 성숙한 삶을 살 수 있어요. 자기 생각에 대한 끊임없는 성찰과 반성을 제가 늘 강조하는 이유예요. 자기 생각을 의심하라니 퍽 어려운 주문이지요? 이 자리에서 하나의 방법을 알려 드리겠습니다.

바로 '생각의 기원'을 찾아가는 것입니다. '나는 어쩌다 이런 생각을 하게 되었나?' 하는 물음이지요. 저는 여러분이 앞으로 이 질문을 끊임없이 자신에게 던지길 기대합니다.

한국 사회에서 이러한 질문은 매우 중요합니다. 왜냐하면 우리 사회는 회의하고 질문하는 과정이 생략되기 때문입니다. "안 되면 되게 하라." 소위 근대화를 상징했던 말입니다. 오늘날도 여전히 위력을 가진 논리이지요. 결과가 중요한 사회에서 질문은 쓸모없는 낭비일 뿐입니다. 그냥 시키는 대로 하는 겁니다. 사정이 이럴진

대 '왜?'라는 질문이 가능할까요? 의심이란 있을 수 없습니다.

지금 학교나 가정에서 이러한 질문 부재, 회의(懷疑) 부재 현상은 쉽게 찾아볼 수 있어요. 국민과 정부, 선생님과 학생, 부모와 자녀 사이에 대화와 토론이 부족합니다. 내가 결정했으니 따르라는 일방통행식 의사 결정이 횡행합니다. 내가 왜 이런 결정을 내렸지? 내가 왜 이런 생각을 했을까? 하는 의심을 해 본다면 그럴 수 없습니다. 독단 안에는 나만이 옳고 내 생각에는 오류가 없다는 '고집'이 숨어 있어요. 그래서 우리 사회에서 '설득'은 매우 어렵습니다. 이와 관련하여 제 경험을 들려 드리겠습니다.

프랑스에서 20년 만에 한국에 귀국하는 날이었어요. 서울에 도착해서 택시를 타는데 마음이 복잡합니다. 감개무량하기도 하고 짠하기도 해요. 뭐라 말로 설명하기 어려운 심정이었습니다. 택시를 타서는 자연스레 기사 분께 말을 건넸지요. "실은 나도 택시기사 출신입니다." 하고 말이에요. 그랬더니 그분이 반가워합니다. 동료를 만났으니 반가웠겠지요. 저더러 어디에서 택시를 몰았느냐고 묻습니다. 프랑스 파리라고 했더니 손님은 많으냐, 먹고살 만은 하냐, 하면서 관심을 보입니다. 그때만 해도 분위기가 좋았어요. 그런데 대화가 끝날 때쯤 기사 분이 "지금은 뭐하세요?" 물어요. 당시 저는 한겨레신문사에 입사한 상태였습니다. 그 사실을 알렸더니 갑자기 분위기가 냉랭해집니다. 외국에 있었지만 한국의 사회 분위기에 대해 어느 정도 알고 있었기에 그분이 한겨레신문사에 호의적이지 않다는 사실을 직감했지요. 그래서 "기사 분은 한겨레신문에 대해서 어떻게 생각하십니까?" 하고 물어보았습니다.

제가 바란 최고의 반응은 물론 "좋아한다"는 것이었지만 그럴 가능성이 커 보이지는 않았어요. 그나마 읽어 본 적이 없다거나 별생각이 없다는 정도면 다행이다 싶었습니다. 그런데 그분의 대답은 첫 번째도 두 번째도 아니었습니다. 친북적이다, 정권에 반대만 한다, 하면서 노골적으로 불만을 표해요. 너무도 태도가 분명하고 확신에 차 있기에 제가 일부러 물었습니다. "기사 분은 한겨레신문에 대해 아주 잘 알고 계신 걸로 보아 신문을 구독하시는군요." 하고 말이죠. 그런데 오히려 그런 신문을 왜 읽느냐며 화를 냅니다.

이 상황에서 과연 대화가 가능할까, 설득과 토론이 가능할까? 저는 생각했습니다. 조금 전만 해도 같은 택시 기사 출신이라며 반기던 그분은 왜 읽어 보지도 않은 신문을 그렇게 매도했던 걸까요? 제가 올바른 정보를 알린다면 그분의 편견을 바로잡을 수 있었을까요? 국민이 자발적으로 성금을 모아 만든 신문으로 조선·중앙·동아 같은 족벌 자본 신문과는 다르다, 당신 같은 서민을 대변할 수 있다고 설명한다면 그 기사 분은 생각을 바꿀까요? 몇 마디의 대화를 통해 저는 그럴 수 없다는 걸 깨달았습니다. 왜냐하면 그 기사 분에게 사실 자체는 그다지 중요하지 않았으니까요.

만약 그분이 좀 더 유연한 태도였다면 서로 생각은 달라도 훨씬 의미 있는 대화가 되었을 겁니다. 하지만 남의 얘기를 들으려 하지 않았지요. 우리 사회에서 갈등과 반목이 사라지지 않는 데는 이러한 경향성이 있기 때문입니다. 지금 나의 생각에 대한, 그 생각을 어떻게 갖게 되었는지에 대한 물음이 없어요. 과정에 대한 성찰이 생략되어 있기에 자기 생각만 당연히 옳다고 생각합니다. 그런 사람들끼리 모이면 대화나 토론은 아주 쉽게 다툼이 됩니다.

친구 간이나 부모 자식 간에도 그래요. 생각이 다른 것이 확인되면, 왜 그런지를 따져 보고 대안을 모색하기보다는 아예 말을 안 꺼내는 쪽을 택해요. 이야기해 봐야 싸움만 나니까요. 서로 그 사실을 잘 알기에 피하는 겁니다.

질문 없는 사회와 질문하는 사회

프랑스에서 생활할 때 육아 책을 접한 적이 있는데요, 그중 인상적인 내용을 하나 말씀드리지요. 책에서 지은이는 15개월 된 아이의 말을 녹음합니다. 집안 곳곳에 녹음기를 설치해서 하루 종일 아이의 말을 녹음해요. 36개월이 될 때까지 그렇게 아이의 말을 기록합니다. 그걸 분석해 보니 재미있는 결과가 나와요. 아이가 가장 많이 사용한 낱말이 무엇인지 아십니까? (청소년: "엄마") 네, 그렇습니다. 재미있는 점은 두 번째로 많이 사용한 낱말이에요. 바로 "왜?"라는 것입니다. 그만큼 인간의 성장 과정에서 질문이 중요하다는 거예요. 질문을 통해 세상을 알아간다는 지극히 당연한 사실을 기록으로 확인한 겁니다.

밤이 무서운 아이가 엄마에게 묻습니다. "엄마, 밤은 왜 오는 거죠?" 겨울이 되자 아이가 또 묻습니다. "엄마, 오늘은 왜 이렇게 춥지요?" 아이의 질문은 여기서 멈추지 않습니다. 아이는 매일 새로운 경험을 하는 시기이니 궁금증은 끝이 없어요. 부모들이 여기에 성실히 답해야 한다는 게 그 책의 지은이가 내린 결론이었습니다.

우리는 어떻습니까? 요즘은 많이 달라졌습니다만 예전에는 아이의 생각에 별로 관심이 없었습니다. 질문은 하지도 받지도 않습니다. 애가 뭘 알겠느냐며 무시해요. 따지지 말고 그저 시키는 대로 하라고 명령조로 말합니다. 지금까지도 우리의 문화는 "왜?"라는 질문을 거추장스러워합니다. 처음 몇 번은 잘 대답해 주다가도 반복되면 귀찮아해요. "크면 다 알아." 내지는 "나도 몰라." 같은 퉁명스러운 대답이 돌아오기 일쑤지요. 왜일까요? 부모님들이 첫째로 내세우는 이유는 바쁘다는 것입니다. 일일이 대꾸하다가는 끝이 없을 거 같으니까요. 우리 사회는 뭐든 빨리빨리 해치워야 합니다. 과정은 상관없어요. 결과가 중요하니까요. 아이들의 질문이 막히면서 '질문 없는 사회'가 대물림된다는 사실이 너무도 안타깝습니다. 여러분은 "왜?"라는 질문에 대답을 잘해 주는 어른이 되세요. 질문이 죽은 사회는 가정에서 시작합니다.

유대인의 가정 교육은 세계적으로도 정평이 나 있습니다. 그 비결은 바로 질문에 있지요. 부모는 늘 아이의 생각을 묻습니다. "네 생각은 뭐니?" "어떻게 생각하니?" 하고 말이죠. 그러다 보니 자연스레 자기 생각을 다듬고 상대의 생각과 차이를 좁혀 갈 수 있는 능력을 얻게 되는 거예요.

"왜?"라는 질문과 관련해서 생각해 볼 곳은 학교입니다. 제가 한국에서 배운 교육은 암기 위주였습니다. 이유를 따져 볼 틈이 없지요. 교과서 내용을 머릿속에 채워 넣기에 바빴습니다. 그런데 제가 프랑스에서 아이들을 키워 보니 그게 얼마나 어리석은 짓인지 알게 되었어요. 그곳 아이들은 끊임없이 글쓰기, 토론 학습을 합니다. '표현'에 주안점을 둔 학습 방식이에요. 외우는 것과 쓰고 말하며 배우는 것에는 큰 차이가 있습니다.

암기는 모든 학생에게 똑같은 내용을 입력시키는 것입니다. 내가 아는 것과 네가 아는 것의 차이가 없어야 해요. 결과가 같아야 합니다. 반면 글쓰기는 '나'로부터 출발해요. 내용이 같을 수 없습니다. 암기보다 글쓰기가 훨씬 어렵습니다. 어떤 문제에 대한 생각을 표현하려면 끊임없이 고민해야 합니다. 대상을 바라보는 관점을 가져야 하고, 그러려면 '나'를 돌아봐야 해요. 그 과정에서 아까 말씀드렸듯이 나를 의심하고 자신에 대한 질문을 던질 수 있게 되는 거예요. 반면 암기는 어떻습니까. 입력된 내용을 그대로 재현하는 게 목적입니다.

예를 들어 학교에서 사형 제도에 대해서 배운다고 해 봅시다. 글쓰기 혹은 토론으로 수업이 진행된다면 여러분은 스스로 이 문제에 대해 생각하고 관점을 만들어야 합니다. 시간과 노력이 필요해요. 한국에서는 대개 정답을 필기하고 외웁니다. 편리하지만 그만큼 사고 능력이 떨어집니다.

이해를 돕고자 제 경험을 다시 한 번 말씀드리겠습니다. 제가 프랑스에 갔을 때 아이가 3살, 6살이었습니다. 두 아이는 프랑스에서 유치원부터 대학원까지 다녔습니다. 큰아이가 고등학교 2학년 때 일입니다. 학교 선생님으로부터 가정 통신문을 받았는데 거기에 이렇게 적혀 있어요. "한창 성장하는 시기이니 밤 1시가 넘어서 잠을 자는 일이 없도록 해 주세요." 아이에게 어떻게 된 일인지 물었습니다. 그랬더니 소설이 하도 재미있어서 새벽까지 읽다가 잠이 들었다는 거예요. 다음날 학교 수업 시간에 존 모양입니다. 저는 학교에서 일러 준 대로 일찍 잠자리에 들도록 권했습니다. 아이들에게 충분한 수면 시간을 보장하는 것이 프랑스에서는 매우 중요한 일이에요. 기상 시간도 마찬가지입니다. 제 경험상 아이들이 오전 7시 이전에 일어난 적이 거의 없습니다. 파리 북쪽 200킬로미터 떨어진 곳에 습지가 있는데, 거기에 찾아오는 철새들을 보러 갔을 때가 유일해요. 그것도 학교에서 학급 단위로 참여한 행사였어요.

고3 때 아이의 일과를 말씀드리겠습니다. 학교에 9시까지 갑니다. 가서 오전에 3시간 동안 공부하고 집에 와요. 집에 와서 점심 먹고 오후 1시 30분까지 학교에 갑니다. 1시 30분부터 3시간 공부를 하고 오후 일과는 4시 30분에 끝나요. 월요일, 화요일은 여섯 시간씩 학교에서 보내요. 수요일은 오전 수업만 합니다. 여기에 목요일, 금요일 여섯 시간씩 수업을 보태면 일주일에 총 스물일곱 시간입니다. 여름방학은 10주인데 숙제가 없습니다. 대신 읽어야 할 책 목록을 줍니다. 30권 정도인데 대부분 소설책이에요. 그중 3~5권 정도 읽으면 좋겠다고 주문합니다.

방과 후 수업이다, 0교시 수업이다, 제때 끼니를 채울 시간도 없는 우리 현실에 비하면 저래서 공부는 언제 하나 싶을 정도입니다.

자, 그럼 이렇게 놀고먹는(?) 프랑스 학생들의 학업 능력은 어느 정도일까요? 공부를 하긴 하는 걸까요? 문제 풀이 능력은 어떨지 모르겠습니다만, 적어도 인문·사회 과학적 소양은 다른 나라 학생들보다 뛰어납니다. 프랑스 대입시험 수준을 알려 드리면 이해가 쉬울 거예요.

프랑스는 대학이 평준화되어 있습니다. 예컨대 파리에 대학교가 열세 개가 있는데 전부 '파리대학교'예요. 파리 1대학, 2대학, 3대학……, 이렇습니다. 우리 식으로 하면 서울에 있는 대학은 모두 서울 1대학, 서울 2대학, 이런 셈이죠. 제 딸은 파리 3대학을, 아들은 파리 10대학을 나왔어요. 대학을 가려면 고등학교 3학년 때 대학입학 자격시험을 치러야 해요. 우리의 수능 시험과 비슷합니다. 특이한 것은 프랑스어 시험만 1년 앞당겨서 고등학교 2학년 말에 본다는 거예요. 고등학교 3학년이 되면 프랑스어 과목이 사라지고, 대신 철학을 배웁니다. 철학은 대학입학 자격시험의 필수 과목이에요. 인문 계열은 일주일에 여덟 시간, 사회 계열은 네 시간, 자연 계열은 두 시간, 이렇게 배정이 됩니다.

여러분 '철학' 하면 왠지 수학이나 영어보다 쉬울 것 같지요? 하지만 예상과는 정반대예요.

"국가는 개인의 적인가?" 참고로 '네/아니오' 식의 단답형 문제가 아닙니다. 논술이에요. 자신의 생각을 논리 정연하게 써 내려가야 해요. 다른 문제들도 볼까요? "좋은 편견은 가능한가?" "모든 권력은 폭력을 동반하는가?" "예술가는 실정법을 어겨도 되는가?"

우리나라 학생들 학습량의 반의반도 안 돼 보이는 그 나라 아이들이 고등학교 3학년 때 만나는 철학 문제가 이렇습니다. 정답이 없으니 어렵지요. 다른 과목들도 마찬가지입니다. 역사, 지리, 사회, 경제, 모든 과목에서 토론과 글쓰기 능력을 요구합니다.

그렇다면 프랑스 사람들은 왜 그런 식의 교육을 지향하는 걸까요?

노예의 생각과 자유인의 생각

우리가 학교에서 배우는 학문은 크게 두 가지 영역으로 나뉩니다. 하나는 자연 과학이고, 하나는 인문·사회 과학입니다. 전자에 속하는 것은 수학, 물리, 화학, 생물 같은 것이고 후자는 언어, 역사, 사회, 지리, 정치, 경제 같은 것입니다. 자연 과학은 정답이 있는 학문입니다. '피타고라스의 정리', '뉴턴의 만유인력', '아인슈타인의 상대성 이론', 이런 것들은 하나같이 불변의 진리를 추구하지요.

인문·사회 과학은 어떻습니까? 이것은 인간과 사회에 관한 학문입니다. 따라서 본디 정답이 없어요. "인간은 왜 사는가?" 이 질문에 정답이 있을 수 있을까요? 대신 사유 즉 생각을 요구합니다. 이를 통해 논리를 갖추려는 학문입니다. 이해하고 느끼라는 겁니다. 이것이 인문·사회 과학의 본령입니다.

프랑스의 학생들은 사회 시간에 노동조합이 민주주의의 발전에 미치는 영향에 대해 질문을 받습니다. 문학 시간에는 19세기 사실주의에 대해서 논해야 하고 철학 시간에는 삶에 대한 포괄적인 질문에 접합니다. 정답 없는 질문에 답하는 연습을 어려서부터 하는 거예요. "대체 복무제는 필요한가?" "존엄사는 윤리적인가?" 이런 질문들은 정답 대신 생각을 요구합니다. 그래서 토론과 글쓰기 중심의 교육이 필요하다고 판단한 겁니다.

많은 양의 지식을 단기간에 주입시키려는 한국의 교육과 많은 차이가 있지요. 그렇다면 우리의 교육은 왜 지금과 같은 형태를 띠게 되었을까요? 여러 이유가 있겠지만 저는 다음 두 가지를 지적하고 싶습니다.

첫째는 한국의 근대 교육이 일제 강점기에 자리 잡혔다는 점입니다. 서양의 여러 나라가 시민 혁명의 산물로서 근대 교육을 시작했던 것과 달리 우리는 '자유인'이 아닌 '식민지 백성'으로서 교육을 받게 됩니다. 교육 자체가 군국주의 일본의 사상을 주입시키는 도구로 쓰인 거예요.

두 번째가 바로 대학의 서열화와 입시 위주의 교육입니다. 한국의 모든 교육은 대학 입시를 향합니다. 좋은 대학, 취직이 잘 되는 대학에 가려면 빨리빨리 외워서 높은 점수를 따야 해요. 학생들을 평가해야 하는 교육 당국도 마찬가지입니다. 손쉽게 점수로 등급을 매기려면 정답이 필요합니다. 맞거나 틀리거나 둘 중 하나여야 해요. 그러다 보니 본래 답이 없는 인문·사회 과학 계열 과목들도 정답을 외우는 식으로 가르칩니다.

한국 사회에서 학문은 입시와 취업의 도구가 되었어요. 그러다 보니 깊이 생각할 필요가 없습니다. 배우는 목적이 개인의 인격과 지성을 높이는 데 있지 않아요. 취업에 도움이 안 되는 학문은 외면당합니다. 그 결과가 앞으로 어떻게 드러날지 우려스럽습니다. 그런 교육으로는 사유하는 힘, 논리력, 인식 능력, 감수성을 길러 나가기 어렵기 때문입니다. 도구화된 지식만 습득하다 보면 세상을 보는 눈, 인간과 사회의 문제를 풀어 가는 지혜를 가질 수 없습니다. 그러면 아주 작은 문제 앞에서도 쉽게 좌절해요. 개인이든 사회든 마찬가지입니다. 우리 사회 곳곳에서 갈등이 끊이지 않는 것도 이러한 교육 방식과 연관이 있다고 생각합니다.

책을 많이 읽는 아이보다는 잘 외우는 아이가, 경험과 사유가 풍부한 아이보다 답을 잘 맞히는 아이가 성공하는 사회가 과연 바람직할까요? 법조문을 잘 외우는 판사, 규정의 옳고 그름만 따지는 공무원이 많은 사회가 우리가 바라는 사회일까요? 그보다는 인간과 사회에 대한 이해가 깊은 사람들이 더 필요한 건 아닐까요?

우리 사회에서 '공부를 잘한다'는 의미는 기존의 질서와 체제를 빠르게 인정하고 숙지한다는 것을 의미합니다. 공부 잘하는 친구들을 탓하는 건 아니에요. 다만 우리 사회에서 공부를 잘하려면 암기식 교육 과정에 충실해야 한다는 의미에서 드리는 말씀입니다. 생각하기 좋아하는 친구들에게 유리한 교육이 아니잖아요. 문제를 의심하는 사람보다 주어진 답을 재빠르게 받아들이고 기억하는 능력이 뛰어난 사람들이 '좋은 대학'에 가기에 훨씬 더 유리합니다. 결국 암기식 교육에 잘 적응한 사람들이 우리 사회를 지배하게 되지요. 이들의 성향은 자연스럽게 보수성을 띨 수밖에 없습니다.

드골이라는 프랑스 정치인이 한 말이 있습니다. "정치인들이 제일 지배하기 어려운 게 똑똑한 사람들이다." 여기서 말하는 '똑똑한 사람'은 어떤 사람들일까요? 앞서 말씀드린 우리 사회 지배층의 똑똑함과는 정반대의 의미입니다. 즉, 주어진 것을 그대로 받아들이는 사람들이 아닌, 계속해서 의심하고 생각하고 문제를 제기하는 사람이라는 뜻입니다. 그런 '똑똑한' 사람들이 많을수록 정치를 신경 써서 해야 한다는 말이에요. 뒤집어 말하면 주입식 교육에 길들여진 사람들, 시키는 일을 잘하고 기존 질서에 순응하고 자발적으로 복종하는 사람들이 많을수록 '지배'하기가 쉽다는 말이 되겠지요.

여기서 '자발적 복종'이라는 말이 나왔는데요, 여러분 입장에서 보면 억울할 수 있어요. 열심히 공부했을 뿐인데 '자발적 복종'이라니, 그럼 대체 어쩌란 말인가? 하고 말이죠. 방법은 있습니다.

첫째로 내가 알고 있는 것, 내 생각에 대해 생각해야 합니다. 암기식 교육의 문제점을 '인식'하고 자신에 대해 끊임없이 생각하는 것이죠. 나는 왜 이런 생각을 하게 되었는가? 이것이 정말 '내 생각'인가? 아니면 누군가 나의 머릿속에 '주입시킨' 생각인가? 하고 말이에요. 나의 '생각 형성 과정'에 스스로 들어가 보는 것입니다.

두 번째는 '다른 사람들의 생각'을 참고하는 것입니다. 옆 사람과 대화하세요. 그리고 모여서 함께 토론하세요. 생각이 깊어지고 새로운 세상에 눈뜰 좋은 기회를 얻게 될 것입니다. 프랑스 교육에서 토론을 강조한 이유이기도 해요.

'다른 사람의 생각'은 독서를 통해서도 알 수 있습니다. 고전을 읽으세요. 과거 치열하게 인간과 사회에 대해 고민했던 인물들의 책을 읽어 보세요. 독서의 장점은 시대와 장소의 제한 없이 다른 생각을 만날 수 있다는 것입니다. 폭넓은 독서는 그들의 생각을 여러분에게 고스란히 전해 줍니다. 주체는 바로 여러분이에요. 어떤 책도 독서를 강제하지 않습니다. 서가에 가만히 꽂혀 있을 뿐이죠. 책을 펼치는 순간 여러분은 스스로 주체가 되어 글쓴이와 생각을 나누게 됩니다. 독서와 토론은 내 생각의 형성 과정을 다른 사람에게 묻는 행위입니다.

세 번째는 직접 보고 만지고 느끼는 것입니다. 이것을 직접 경험이라고 하는데요, 때론 읽고 들은 것보다 진실에 가까울 수 있어요.

마지막 네 번째는 성찰하는 것입니다. 독서와 토론, 직접 경험을 토대로 얻는 생각을 나의 의식 세계 안에서 버무리는 거죠. 이런 과정을 '성찰'이라고 합니다.

이 네 가지 과정을 통해 나의 개성과 정체성과 처지가 온전히 나의 생각 안에 담길 수 있습니다. 결국 '나'로부터 출발하는 것입니다. 내가 나서야 하고 내가 주체가 되어야 해요. '당연한 거 아니냐?' 하고 생각하기 쉽지만, 현실은 그렇지 않습니다. 말씀드렸다시피 학생 때는 학교에서 주입하는 내용을 암기해야 하고 어른이 되면 '대중 매체'를 통해 일방적 의견을 '주입' 당합니다.

여러분이 자기 삶의 주인으로 살아가려면 이 부분을 놓쳐선 안 됩니다. 제도 교육은 국가가 장악하고 있지만 사회는 자본의 논리가 관철되고 있습니다. 국가와 자본은 무엇을 '주입'할지 결정하는 주체들이죠. 하지만 우리가 각자 생각의 주인으로 살아가는 한 '일방적인 주입'도 '자발적 복종'도 불가능합니다. 왜냐하면 우리는 인간이니까요. 끊임없이 고민하고 생각하고 성찰하는 '똑똑한' 개인은, 드골이 말했다시피 '지배'가 어렵습니다. 똑똑한 사람이 되려면 글쓰기와 토론, 독서를 해야 해요. 독서는 사람을 풍요롭게 하고, 글쓰기는 사람을 정교하게 한다는 말이 있습니다.

둘 다 우리 교육이 외면하는 것들이지요. 우리는 사회 비판적인 의식을 가지기가 굉장히 어렵습니다. 어떤 특별한 계기가 있어야 해요. 평소에는 별다른 문제의식을 느끼지 못하기 때문입니다. 그 어디에서도 문제에 대해 깊이 생각하는 법을 배우지 못했으니까요. 예컨대 청소년 여러분 중에 학교 교육에 비판적인 친구들이 얼마나 있을까요? 힘들고 지쳐도 남들 다 하는 일이니 순순히 받아들입니다. 성적 때문에 차별을 받아도 그저 공부 못하는 자신의 탓으로 돌립니다. 당해도 싸다는 거지요. 비정규직 문제도 마찬가지입니다. 우리 사회에서는 자기도 비정규직이면서 이 문제를 자본가 입장에서 생각하는 사람들이 많아요. 왜 이런 일이 생기는 걸까요?

사회를 비판적으로 바라보는 법을 배우지 못했기 때문이에요. 과거 1980년대는 사회 문제에 대한 비판이 폭발적으로 제기되었던 시기입니다. 인권, 노동, 분단, 여성, 성 소수자 등 다양한 문제들에 대해 성찰과 토론이 이어졌습니다. 그 결과 사회의 다양한 부분에서 진보가 이루어졌지요. 지금은 어떻습니까? 그러한 문제들이 모두 해결된 것이 아닐 텐데, 그때와 비교하면 문제를 제기하는 사람들이 줄었어요. 왜일까요? 바로 일상적인 비판 의식이 부족하기 때문입니다. 그때는 광주 민주화 운동과 군부 독재라는 특수한 상황과 계기가 있었습니다. 지금은 우리 시대에 걸맞은 문제 제기가 필요해요. 그런데 이게 한순간에 되는 게 아니거든요. 어려서부터 연습이 필요합니다.

인권은 차별에 던지는 질문

자, 그럼 이제부터는 주제를 '생각'에서 '이웃'으로 옮겨 보겠습니다. 이웃에 대한 이야기는 사실 '차이'에 대한 이야기이기도 합니다. 여러분, 차이란 무엇일까요? 이와 관련하여 논어의 한 구절을 읽어 보겠습니다.

"군자 화이부동 소인 동이불화(君子 和而不同 小人 同而不和)."

군자는, 즉 훌륭한 사람은 획일화하지 않으면서 화목하고 소인은 같으면서도 불화를 일으킨다는 얘긴데요. 여기서 말하는 '부동'이란 '동화시키지 않는다', '획일화하지 않는다'는 뜻입니다. 서로 다르지만 사이좋게 지낸다는 얘긴데, 그러려면 배려와 존중이 필요하겠죠? 자기와 다르다고 해서 차별하거나 억압해서는 안 된다는 거예요. 프랑스에서 말하는 '톨레랑스(tolérance)'의 의미와 상통합니다. 더불어 살아가는 지혜에 있어서는 동서양이 다르지 않은 거 같아요.

인권에서 가장 중요한 것도 바로 화이부동과 톨레랑스의

정신, 즉 차이와 다름에 대한 배려와 존중입니다.

그럼 이와 관련하여 우리 일상을 돌아볼까요? 가까운 학교에서 시작합시다. 별문제 없어 보이나요? 그러나 가까이 들여다보면 얘기가 달라집니다. 우선, 여러분 모두는 성적에 따라 차별받습니다. 점수와 내신에 따라 등급이 나누어지지요. 너무 익숙해서 당연해 보이기까지 합니다. 하지만 다른 나라 학생들이 보면 참으로 가혹한 차별일 수 있어요. 참고로 제 두 아이는 프랑스에서 학교 다니면서 한 번도 등수를 받아 본 적이 없어요.

여러분이 대학을 진학하는 순간에도 차별은 계속됩니다. 소위 말하는 '일류 대학'과 그렇지 않은 대학으로, 같은 대학 내에서도 취업이 잘되는 학과와 그렇지 못한 학과로 나뉘어요. 취업을 해도 마찬가지입니다. '잘나가는' 대기업과 그렇지 못한 직장으로 나뉩니다. 여성에 대한 차별, 또 외모에 대한 차별은 우리가 익히 잘 알고 있습니다. 또 출신 지역이 어디인지, 수도권인지 지방인지에 따라서도 불이익을 받습니다. 심지어 같은 서울에서도 사는 동네, 어떤 아파트에 사는지 등을 나눠 사람을 평가하잖아요. 따지고 보면 일상이 차별이에요. 한순간도 이런 차별에서 자유롭지 못한 것이 우리의 현실입니다.

공상 과학 소설이나 영화에 보면 DNA를 복제해서 같은 인간을 기계처럼 찍어 내는 내용이 있습니다. 그런 일이 현실화된다면 어떨까요? 여러분과 똑같은 인간 수백, 수천 명이 공장에서 쏟아진다, 생각만 해도 끔찍하죠. 인간은 다 다르게 태어납니다. 같을 수가 없어요. 남자도 있고, 여자도 있고, 키 큰 사람도 있고, 키 작은 사람도 있습니다. 가난한 사람도 있고, 부자도 있고, 종교도 달라요.

'다름'을 존중한다는 것은 결국 내가 타인으로부터 존중받는다는 것을 의미합니다. 내가 존중받으려면 남을 차별해서는 안 된다는 거예요. 안 그러면 나도 차별받을 테니까요. 그런데 상식적으로 당연한 사실이 현실에선 잘 받아들여지지 않습니다.

왜 사람들을 차별하는 걸까요? 이유는 간단합니다. 나의 우위를 확인하고 싶기 때문입니다. 자신과 다르다고 해서 아무나 차별하지 않습니다. 사회에서 차별은 주로 약자들을 향해요. 권력을 가진 사람이나 부자가 차별당합니까? 오히려 닮고 싶어 안달이지요. 차별에는 나와 무엇이 다른지를 따지고, 거기서 내가 더 나은 이유를 확인하려는 의도가 숨어 있어요. '차별, 억압, 배제'의 원리는 그렇게 작동합니다.

이러한 차별에 어떤 것이 있는지 살펴볼까요? 대표적으로 성차별이 있습니다. 가부장제가 많이 약해졌다고는 해도 일부 국가에서는 여전히 위세를 떨치고 있죠. 그다음으로 성 소수자에 대한 차별이 있겠습니다. 이들은 자신의 정체성을 숨겨야만 합니다. 그렇지 않으면 억압과 배제의 폭력에 노출될 테니까요.

그다음에 장애인에 대한 차별을 꼽을 수 있어요. '분리'된 시설에서 생활하는 장애인들은 사회적으로 억압, 배제를 당하고 있다고 할 수 있습니다. 종교에 따른 차별도 있습니다. 한국은 그리 심각하지 않지만 세계적으로 종교 분쟁이 끊이지 않습니다. 바로 차별 때문이지요.

또 하나 제가 힘주어 말씀드리고 싶은 것은 사상 즉, 생각의 차이에 대한 차별입니다. 특히 한국에서 이 문제는 심각합니다. 국가보안법 같은 걸로 사상의 자유를 억압하고 특별한 생각을 가진 사람들을 사회에서 배제합니다. 지역 차별도 있지요. 서울 출신이냐 지방 출신이냐를 따져 묻거나 어떤 특별한 지역 사람들을 비하하기도 합니다. 우리 사회에는 이외에도 수많은 차별과 억압, 배제가 존재합니다.

아까 말씀드렸듯이 인간은 나의 우위를 확인하려는 속성이 있습니다. 다른 사람에 군림하면서 만족감을 느끼는 사람들이 있어요. 한 사회에 차별이 횡행하는 이유는 이러한 저급한 속성을 누군가 자극하기 때문입니다. 바로 권력을 가진 사람들이요. 그들은 힘없는 소수를 차별의 대상으로 만들면서 다수를 자극하여 자기 편으로 끌어들입니다. 여기에는 그럴듯한 논리가 동원돼요. 예컨대 사람을 우등과 열등으로 나누어요. 예컨대 남자는 힘도 세고 우등하다, 따라서 열등한 여성에 대한 차별은 정당하다는 식인 거죠. 인종학적으로 우월한 독일 민족이 세계를 지배해야 한다는 나치의 논리, 백인 우월주의 등도 같은 논리지요.

정상/비정상 논리도 동원됩니다. 이성애는 정상이요 그렇지 않은 동성애는 비정상이라는 식입니다. 성 소수자를 탄압함으로써 절대다수인 이성애자를 끌어들이는 겁니다.

종교와 사상 같은 경우는 어떻습니까. 선과 악으로 나눕니다. 나의 종교와 사상은 선이고 너의 그것은 악이다, 악은 없어져야 한다, 따라서 너는 존재해서는 안 된다……. 16세기 유럽에서 신·구교 간 종교 분쟁이 일어났을 때에도 이런 식으로 멀쩡한 사람을 마녀와 이단으로 몰아 죽였습니다. 그러면서 양심의 가책은커녕 외려 종교적 사명이라는 식으로 자신들의 행위를 정당화했지요. 나중에야 그 모든 것이 광기였다는 것이 밝혀지지만, 당시에는 매우 진지하게 조직적으로 행해진 차별, 억압이었고 배제였습니다.

차별은 한 사회의 성숙도와 관계가 있습니다. 성찰 이성이 결여된 사회에서 광기는 쉽게 전염됩니다. '나는 우월하다, 나는 선하고, 나는 정상이다'라고 생각하며 만족감을 느끼려는 저급한 인간의 속성을 정치가들이 이용한 결과예요. 그렇다고 해서 여기에 동원된 다수도 역사적 죄과에서 자유로울 수 없어요. 인종주의를 조장하여 집권한 나치도 나쁘지만, 이들을 용인한 독일인들의 죄도 결코 가볍지 않아요. 그들이 오늘날까지 과거사 청산을 위해 애쓰는 이유도 이러한 사실을 잘 알기 때문입니다.

우리는 어떻습니까. 혹시 내가 다니는 학교, 출신 지역, 내가 가진 성, 학벌 등에 우쭐해 하지 않나요? 자긍심을 갖는 것은 좋지만 우월감을 느낀다면 차별 의식은 아닌지 의심해야 합니다. 그런 생각에 젖어 있으면 소수에 대한 폭력에 무감각해질 수 있어요.

한국 사회는 집단의식이 강합니다. 집단에 기대어 위안을 얻고자 하는 의지가 강해요. 지연, 학연, 혈연이 중요한 사회적 매개입니다. 이런 연줄에 기대어 사적인 이득을 취하는 것이 자연스럽게 받아들여져요. 그 안에서 성숙한 개인으로 살아가기란 결코 쉬운 일이 아닙니다. 자기 안의 차별 의식, 우월 의식을 성찰하고 거기서 벗어나려는 노력이 필요한 이유입니다. 그래야 비로소 우리 사회가 가진 문제에 대해 비판적인 시선을 가질 수 있어요. 학연에 의지하면서 대학 서열화를 비판할 수 있을까요, 혈연에 의지하는 사람은 재벌들의 경영권 세습에 문제의식을 느끼기 어렵습니다.

다시 문제는 성찰과 사유로 돌아옵니다. 항상 생각해야 해요. 나와 사회의 부족한 점, 내 안에 도사린 차별 의식, 은연중에 우리에게 주입되는 지배 세력의 가치들, 이런 것들을 하나하나 점검해 보아야 합니다. 그리고 스스로 질문을 던져야 해요. 지금 나는 건강한가? 나의 생각은 건강한가? 의심스럽다면 서가에서 책을 꺼내 들고, 그래도 풀리지 않는다면 다른 사람과 그 문제에 대해 토론하는 겁니다. 그러다 보면 뜻을 같이하는 사람들이 생겨요. 그렇게 해서 우리 사회는 한 걸음씩 앞으로 나갈 수 있을 것입니다.

여러분, 끊임없이 자기 안의 생각에 질문을 던지십시오. 책을 읽고 토론하십시오. 자신의 생각을 글로 표현하세요. 개인적으로 작은 일일 수 있지만, 한데 모이면 세상은 바뀝니다. 독서와 토론, 그리고 글쓰기의 중요성을 다시 한 번 강조하면서 오늘 이야기를 마치겠습니다.

생각의 힘을 키우는 글쓰기

청소년: 선생님께서 말씀하셨듯이 인문·사회 분야는 외워서 되는 학문이 아니라고 생각합니다. 그런데 좋은 점수를 받으려면 어쩔 수 없어요. 아이들도 귀찮아서 질문을 안 합니다. 어차피 시험 점수 따려고 하는 공부니까요. 이런 상황에서 진짜 공부를 하려면 어떻게 해야 할까요? 학벌주의가 큰 힘을 발휘하는 우리 사회에서 순수하게 '공부를 위한 공부'가 가능할까요?

홍세화: 암기식 학습을 피하는 건 참으로 어렵습니다. 여러분은 학생들이잖아요. 손해를 감수하면서까지 '진짜 공부'를 결심하기란 쉬운 일이 아니지요. 안타까운 현실입니다. 학교가 상위권 대학을 위해 경쟁하는 장소가 되어 버린 상황에서 이를 개인적으로 극복하기가 쉽지 않지요. 한계는 있지만 포기하면 안 됩니다. 환경 탓만 할 수는 없잖아요. 학교 분위기가 그렇다 하더라도 여러분 스스로 문제를 인식하고 있다면 희망은 있습니다. 교육 현실을 내 삶의 문제로 받아들인다면 이미 반쯤은 암기 교육에서 벗어난 셈입니다. 진짜 공부가 하고 싶다면 틈틈이 책을 읽으세요. 교과서 말고도 참고할 책들은 많습니다. 지금 당장 점수를 올릴 수는 없을지 모르지만 지식을 얻고 생각의 폭을 넓히는 데 많은 도움이 될 것입니다.

생각이 통하는 친구들과 모임을 꾸리고 함께 이야기를 나누세요. 요즘은 학교의 틀 안에서도 이런 것들이 가능하지 않나요? 혁신학교 같은 것도 생기고 좋은 선생님들도 많이 계시니 조금만 노력하면 좋은 결과를 얻을 수도 있을 겁니다. 설령, 학교에서 해 주지 않더라도 여러분 스스로 의지를 갖고 해 나가는 것이 중요합니다.

그리고 특히 제가 강조하고 싶은 부분이 글쓰기입니다. 글쓰기를 통하여 여러분의 사유를, 논리를 갖추는 것, 이것이 대단히 중요해요. 일찍 시작할수록 좋습니다. 어떤 주제에 대해 여러분의 생각을 쓰는 거예요. 단, 솔직하게 말이에요. 누가 원하는 답이 아닌 나의 진짜 생각을 써 내려가는 겁니다. 그러다 보면 생각도 깊어지고 논리도 견고해집니다. 간혹 글쓰기를 두려워하는 사람들이 있는데, 여러 이유가 있겠지만 제가 볼 때는 정답이 아니면 어쩌나 하는 마음 때문이 아닐까 해요.

여러분, 글쓰기에 정답은 없어요. 굳이 말하자면, 거기에 적힌 여러분의 생각 자체가 정답입니다. 뭐든 쓰세요. 사형 제도에 대한 여러분의 생각을, 대학 평준화에 대한 여러분의 견해를 솔직하고 당당하게 밝히세요. 누가 반대한다고 해서, 옳지 않다고 해서 기죽을 필요 없습니다. 생각은 누구나 다 다르니까요. 오히려 자기 생각은 숨긴 채 다른 사람의 주장에 동조하거나 반대만 하는 것보다 훨씬 낫습니다. 물론 글에는 논거가 있어야 합니다. '나는 왜 이런 생각을 하게 되었는가?' 그것이 설득력이 있을 때 사람들의 지지를 얻습니다. 글쓰기는 자신의 생각을 정연하게 드러낸다는 의미도 있지만 이를 통해 상대방을 설득하고 생각을 공유한다는 의미도 있습니다. 어떤 주제이든 논리를 갖춰 써 나가면 돼요. 길지 않아도 좋습니다. 형식을 갖추어서 글쓰기를 해 나가다 보면 논리적 사유 능력 즉, 생각의 힘이 커지는 걸 느낄 수 있을 겁니다.

덧붙여 학벌주의에 대해서도 말씀드리고 싶습니다. 2차 세계 대전 이후 유럽에서 '교육을 통해서 계층 이동이 가능한가?'를 둘러싸고 진보적 사회학자들 사이에서 논쟁이 벌어졌습니다. 예컨대 당시에 교육을 통하여 광부나 공장 노동자 같은 하층 계급의 자식이 의사, 변호사가 되어 상층부로 이동할 수 있느냐, 혹은 그 반대도 가능하냐 하는 것이었어요. 말하자면 공평한 기회를 가진 사회냐 하는 질문이었는데요, 대답은 부정적이었습니다. 약 20년간의 연구 결과가 이를 증명했지요. 유럽 사회에서 교육을 통한 계층 이동은 일어나지 않았습니다. 이런 결론은 프랑스 사회에서 대학 교육을 대중화하는 데 많은 영향을 미칩니다. 대학의 문턱이 낮아지고 사회 구성원의 다수를 차지하는 노동자, 서민의 아이들이 이를 통해 계층 상승의 기회를 얻게 됩니다.

더 중요한 것은 바로 대학 간 서열화의 폐지 즉, 대학 평준화입니다. 학문을 연구하는 대학의 속성상 서열화는 맞지 않다는 것입니다. 예를 들어 볼까요. 제가 프랑스의 한 대학교수하고 나눈 이야기가 있습니다. 여러분도 한번 생각해 보세요.

프랑스에서는 학생들이 대학입학 자격시험에 합격하려면 20점 만점에 최소 10점을 넘어야 합니다. 그래서 선생님들은 좀 잘 쓰면 12~13점, 탁월하면 14~15점, 이렇게 점수를 줘요. 모자라다 싶으면 7~8점 정도를 줍니다.

전국적으로 치러지는 철학 시험은 그날 저녁 뉴스에 어떤 문제가 나왔는지를 소개할 만큼 프랑스 사회의 관심사이기도 합니다. 그런데 한번은 소르본대학 교수들이 수험생들과 같이 이 시험을 본 적이 있어요. 그런데 교수들 평균 점수가 불과 12점이었습니다. 그만큼 시험 수준이 높다는 얘기예요.

아무튼 그런 식으로 점수를 매기는데, 아까 말씀드린 프랑스의 대학교수가 학교 다닐 때 제 역사 점수가 어땠는지를 묻습니다. 저도 여러분과 마찬가지로 100점 만점 세대잖아요? 그래서 기억을 더듬어 "93점 받았다"고 했죠. 그런데 이야기가 여기서부터 엇나가기 시작합니다.

이 사람이 93점이라는 점수 자체를 이해 못 하는 거예요. 그럴 수 있죠. 평가 체계가 다르니까요. 그러더니 그렇다면 당신보다 역사 공부를 잘하는 사람은 몇 점을 받느냐고 해요. 그래서 94점이라고 했죠. 그러니 조금 이해를 합니다. 그분이 말하길 그러면 너보다 공부 못하는 학생은 92점이냐고 해요. 당연히 그렇다고 대답해 주었습니다. 그랬더니, 이게 대단히 인상적인 부분인데요. "놀랍다! 너희 나라 선생님들은 어떻게 역사를 보는 눈을 그렇게 정확하게 측정할 수 있느냐?"고 합니다. 알다시피 저를 포함해 우리 교육이 평가하는 건 '역사를 보는 눈'이 아니잖아요. '교과서에 나오는 역사적 사실'을 얼마나 잘 외우고 있느냐지요. 그쪽 입장에서는 이해가 안 갈 만도 합니다.

예컨대 학교에서 여러분의 국어 혹은 사회 과목은 어떻게 평가하나요? 국어라면 말하기, 표현하기, 독해력 등을 키우고 사회 과목이라면 사회를 보는 눈, 사회적 문제를 바라보는 비판적인 시각 등을 기르는 게 그 목적일 테지요. 따라서 평가도 이를 기준으로 이루어져야 합니다. 하지만 현실은 어떻습니까? 시를 외우고 필기합니다. 지은이가 무슨 파에 속하는지 어떤 구절의 의미가 무엇인지 외웁니다. 그러니 100점 만점이 가능한 거고요. 프랑스였다면 정확하게 프랑스어를 구사할 수 있는 능력과 자국 언어의 역사와 문학에 대해 물었겠지요. 정답이 없으니 평가 척도를 1부터 100으로 세분화할 수 없었을 겁니다. 합격이나 불합격이냐만 가릴 정도로 평가할 수 있었을 테지요.

진짜 공부를 하려면 우리 사회 대학의 서열화라는 구조적인 문제를 풀어야 해요. 그렇지 않으면 학문은 출세와 돈벌이의 수단으로 전락할 수밖에 없습니다.

인식의 변화가 자기 성숙을 이룬다

청소년: 저는 학교라는 제도의 근본적인 한계에 대해 묻고 싶습니다. 배우는 내용이나 가르치는 형식에 차이가 있다 하더라도 결국은 획일화된 교육으로 갈 수밖에 없지 않을까요. 자발성을 중요시한다고 해도 그것 역시 개인에게 체제의 이념을 주입시키는 수단으로 작용할 수도 있지 않나 생각합니다. 학교가 가지는 근본적인 한계와 더불어 다른 대안은 없는지, 예컨대 개인의 고유성을 지켜가면서 공동체 안에서 진정한 배움을 누리는 방법을 알고 싶습니다.

홍세화: 학교를 벗어나는 것도 한 가지 방법이긴 합니다만, 제가 좀 더 주안점을 두는 것은 어떻게 하면 자기 삶의 주인으로 살아갈 수 있느냐 하는 것이었습니다. 나의 생각이 형성된 배경을 이해하고 이를 통해 '진짜 나의 생각'을 찾아가는 과정이 필요합니다. 학교 안에서도 또 밖에서도 가능합니다. 진짜 배움은 장소와 상관없이 이루어집니다.

여러분의 생각을 분석하는 것은 곧 여러분이 속한 이 사회를 분석하는 것과 필연적으로 만나게 됩니다. 여러분이 형성한 생각이라는 것은 바로 여러분이 속한 사회의 반영물이기 때문입니다. 이걸 '인식'하고 자기 생각을 가꿔 나가는 것, 한창 세상을 보는 눈을 키워 나갈 시기인 여러분에겐 무엇보다도 이런 작업이 필요하다는 점을 강조하고 싶은 것입니다.

지금의 학교는 여러분이 이런 일을 하는 데 큰 도움을 주지 못합니다. 말씀드린 대로 학생들을 점수로 서열화하여 더 좋은 대학으로 보내는 데 모든 역량을 동원하고 있지요. 하지만 스스로 할 수 있는 부분이 있습니다. 폭넓은 독서와 열린 자세의 토론, 그리고 여행을 통한 직접 경험은 마음먹으면 할 수 있는 일들입니다. 환경을 탓하거나 수동적으로 생각하지 말고 가능한 하나하나 바꿔 나가는 겁니다. 주어진 상황을 무시하자는 게 아니라, 그 안에 갇히지 않기 위해 할 수 있는 것을 찾아보자는 거예요.

청소년: 개인적으로 토론을 피하게 됩니다. 쉽게 생각을 드러내기가 어려워요. 문제의식이 없는 건 아닌데, 말 꺼내기가 어려울 때가 많아요. 분명히 의견은 있는데 주저하게 됩니다. 왠지 틀렸다고 욕먹을 거 같고, 열등감 때문인지 자꾸 감추려고 해요. 그러다 보면 처음 가졌던 생각이 내 생각이 맞는지 헷갈릴 지경입니다. 좋은 방법이 없을까요?

홍세화: 토론을 할 때도 개인차는 있어요. 누구는 당당하게 자기 생각을 밝히는 데 반해 누구는 얼굴을 붉히며 말을 더듬어요. 괜찮습니다. 다만, 타인을 설득하고 자기주장을 명확히 하려면 좀 더 과감해질 필요는 있어요. 토론이 정답 찾기는 아니잖아요. 그러니 틀려도 좋다는 마음으로 토론하세요. 설령 막무가내로 우기는 사람이 있어 주저하게 되더라도, 차분하게 상대하다 보면 얘기가 통할 때가 있을 겁니다. 지금부터 연습하세요. 드러내고자 하는 생각을 명확하게 하고 용기를 내면 좋아질 거로 봅니다.

청소년: 저는 '자기 성숙'이라는 게 '나는 좀 더 고민하는 사람이다, 나는 좀 더 깊이 생각하는 사람이다.' 하는 확신이랄까 자신감에서 온다고 생각합니다. 그런데 이런 자신감이라는 것도 결국 비교에서 오는 것이 아닐까요? '나는 저 아이보다 생각이 더 깊다, 혹은 얕다'처럼요. 알게 모르게 우열을 따지는 거 같아요. 제가 '자기 성숙'에 대해 오해하고 있는 걸까요?

홍세화: '비교'란 여러 가지가 있습니다. 가장 쉬운 게 다른 사람과 비교하는 것이지요. 어려운 건 바로 자기 자신의 어제와 오늘을 비교하는 것입니다. 우리가 '성숙'한다고 했을 때 비교 대상은 남이 아닙니다. 바로 자기 자신이지요. 어제의 나에 비해 지금의 나는 얼마나 성숙했는가를 따져야 합니다.

어려서부터 서열, 순위에 노출되는 사회잖아요. 학교에서는 석차로, 대학은 서열로, 직장은 연봉으로 나뉩니다. 우리가 아주 당연하게 받아들이는 이러한 '구분'을 '차별'로 받아들이는 연습이 필요합니다. '인식'이 있어야 '변화'가 가능해요. 알게 되었으면 의식적으로 벗어나려고 노력해야 합니다.

습관적으로 다른 사람과 비교하는 일을 멈추어야 해요. "반에서 몇 등이니?" "너희 형·오빠는 어느 대학 나왔어?" "나는 대한민국 사람이야. 국민소득이 2만 4000달러라고!" 일상적인 대화이지요? 하지만 이 안에도 차별 의식이 숨어 있습니다. 평범한 자긍심, 애국심인데 너무 예민한 거 아니냐고 물을 수 있습니다. 하지만 그 말에 내포된 의미를 좀 더 따져 보면 그렇지 않다는 게 금세 드러나요. 일례로 한국 사회는 국민 소득이 낮은 동남아시아나 아프리카 지역 나라를 은연중에 무시합니다. 이른바 'GDP(국내 총생산) 인종주의'예요. 한국보다 '잘사는' 나라 사람 앞에서는 국민 소득을 자랑하지 않잖아요.

내가 가진 것, 나의 능력, 나의 출신, 이런 것에서 평가의 기준을 옮겨야 합니다. 그 사람의 인격, 그 사람의 지혜, 그 사람의 고유한 가치, 우리는 이미 인간다움을 평가하는 기준을 알고 있습니다. 버려진 인간적 가치를 회복하는 일, 너무나도 익숙해서 의식하기조차 어려운 속물적 가치들로부터 멀어지는 일, 여기엔 많은 노력이 필요합니다. 하지만 그 과정에서 우리는 좀 더 성숙해진 자신을 만날 수 있을 겁니다.

청소년: 좋은 글을 쓰려면 어떻게 해야 하나요.

홍세화: 저는 칼럼을 쓰기에 객관적 사실을 전달하는 기자들하고는 사정이 조금 다릅니다. 칼럼이라는 게 지면에 자기 생각을 표현하는 거잖아요. 때문에 오히려 눈치 보지 않고 좀 더 자유롭게 쓰고자 노력합니다. 글을 쓸 때의 어려움은 써야 할 말과 그렇지 않은 말을 가리는 것보다는 어떻게 내 생각을 효과적으로 전달할까에 있어요. 고민이 많이 됩니다. 당장 내일도 칼럼을 써야 하는데요, 그럴 때마다 고통스럽기는 해도 내면을 고스란히 드러내는 글을 쓰자고 다짐합니다.

저는 여러분에게 멋진 글보다 성실한 글을 권합니다. 신문기자들은 기사는 발에서 나온다고 해요. 현장을 뛰어다녀야 좋은 기사를 쓸 수 있으니까요. 비슷한 의미에서 저는 글은 '엉덩이'에서 나온다고 말하곤 합니다. 차분하게 앉아서 생각하는 시간을 많이 가져야 한다는 뜻이에요. 천재는 1퍼센트의 영감과 99퍼센트의 노력으로 이루어진다고 말한 에디슨처럼 글은 99퍼센트 엉덩이의 힘, 즉 노력으로 이루어진다고 생각해요.

여러분, 좋은 글을 많이 읽어야 좋은 글이 나옵니다. 항상 읽고 생각하고 쓰는 사람이 되시기 바랍니다.

2강. 역사와 인권

오인영(고려대학교 역사연구소 연구교수)

오늘날 상식이 된 '인권'은 과거 우리 기억 속에 없었습니다. 만약 인류가 사회적 약자에 대한 차별과 싸워 온 역사를 잊는다면 '인권'은 또다시 사라질 것입니다. 우리는 인권의 역사를 기억하고 지금도 여전히 세계 곳곳에서 차별과 싸우는 사람들을 기억해야 합니다. '인권'이야말로 인류가 역사적으로 성취한 가장 중요한 '기억'이라고 저는 생각합니다.

안녕하세요. 오인영입니다. 오늘 강의는 재미있는 일화를 하나 소개해 드리면서 시작하겠습니다.

일전에 아는 분한테 독일 신문에 한국 차와 관련한 기사가 대서특필되었다는 '믿거나 말거나' 이야기를 들었습니다. 독일에 사시는 나이 지긋한 교포 한 분이 애국심 때문에 성능 좋은 독일 차를 마다하고 한국산 소형차를 사서 잘 타고 다녔답니다. 그런데 하루는 독일의 유명한 아우토반에서 주행을 하다가 차에 이상이 생겼답니다. 먹통이 된 차를 어쩔 수가 없어서 견인차를 부르려고 주머니에서 전화기를 찾는데, 없어요. 집에 두고 온 겁니다. 운수 사나운 날이라고 생각하며 어찌해야 할지 고민하는 사이, 저 앞에 차가

한 대 섭니다. 보니까 '포르쉐'예요. 자동차 애호가들이 손에 꼽는 명품 차이지요.

운전자가 내리면서 무슨 일이냐고 묻습니다. 노인이 자초지종을 말하자, 포르쉐 운전자가 걱정하지 말라며 견인용 밧줄을 가져옵니다. 뒤에 차를 묶고 안전한 곳까지 모셔다 드리겠다는 거예요. 노인은 거절할 이유가 없었습니다. 포르쉐 정도라면 뒤에 차 한 대쯤 달고 가는 건 문제도 아닐 거라고 생각했지요. 노인은 내심 안심하며 포르쉐 운전자가 시키는 대로 줄을 묶고 자신의 운전석에 앉습니다. 드디어 포르쉐가 소형차를 견인합니다. 그것도 시속 130킬로미터의 속도로 말이지요. 굉장하죠. 노인은 흐뭇해합니다. 문제는 그때 뒤따라오던 차가 추월했다는 겁니다. 그것도 하필이면 '페라리'가 말입니다. 아시는 분은 아시겠지만 포르쉐와 페라리는 최고 자동차의 자리를 두고 1, 2위를 다투는 라이벌입니다.

페라리가 포르쉐를 제치자 포르쉐 운전자가 갑자기 액셀을 밟기 시작합니다. 자존심이 상했겠지요. 그러자 페라리도 이에 질세라 속도를 높이죠. 뒤에 차를 한 대 더 달고 있는 포르쉐한테 밀리는 건 페라리의 명성에 먹칠하는 것일 테니까요. 그렇게 시속 300킬로미터로 서로 앞서거니 뒤서거니 하는데 뒤에서 계속 경적 소리가 들려요. 놀란 노인이 신호를 보내는 거예요. 전면 라이트도 계속 깜빡거립니다.

누군가 우연히 이 장면만 본 겁니다. 다음날 독일 지역 신문에 한국의 소형차가 페라리와 포르쉐를 압박했다는 기사가 뜹니다. 그쪽 사람들로선 놀랄 만하죠. 세계에서 가장 빠른 두 차더러 계속 비키라고 했으니 말이에요. 물론 견인용 밧줄을 보지 못해서 생긴 오해이긴 하지만요. 어때요 진짜 같죠? (웃음)

경쟁에 대해 이야기하고자 드린 말씀입니다. 저런 상황에서 1등을 차지하려고 치열하게 경쟁한 운전자들도 그렇고, 본의 아니게

'다크호스'로 급부상한 노인은 또 얼마나 황당했겠어요. 사실 경쟁이란 게 이처럼 제삼자의 눈으로 보면 난센스 같을 때가 있어요. 그러니 오늘은 '경쟁'이라는 걸 잠깐 내려놓고 느긋하게 역사 공부를 해 봅시다.

역사라는 '이름 붙이기'*

　　여러분, 세계에서 제일 높은 산 이름이 뭐죠? (청소년: "에베레스트") 맞습니다. 네팔에 있는 에베레스트 산이에요. 그런데 이건 영어잖아요. 1865년 영국의 탐험대가 이 산을 탐사하면서 전임 측정대장의 이름을 붙인 겁니다. 그럼 원래 이름은 뭘까요? '초모랑마(chomolangma)'입니다. 네팔어로 '신성한 어머니'라는 뜻이에요. 우리야 '에베레스트'가 친숙하니 어떻게 부르든 상관없지만 네팔 사람이 알면 서운할 거 같아요.

　　이번엔 우리와 관련한 이야기를 해 보겠습니다. 중국에서 최근 하얼빈에 안중근 기념관을 만들었습니다. 여러분도 아시겠지만 안중근 의사는 초대 조선통감을 지낸 이토 히로부미(伊藤博文)를 쏴 죽인 애국지사지요. 이토 히로부미는 1905년부터 우리나라의 외교권과 국방권을 빼앗고, 1910년에는 우리나라를 강제로 합병하는 데 주도적인 역할을 한 사람이에요. 이후로 근 40년을 식민지로 착취를 받았던 우리로서는 원수나 다름없는 인물입니다.

　　그런데 일본도 그렇게 생각할까요? 아닙니다. 이토 히로부미는 일본 화폐에 등장할 만큼 일본에서 추앙받는 인물이에요. 그러니 아직도 안중근 의사를 '테러리스트'라고 비난하는 겁니다.

　　에베레스트 이야기와 연관 지어서, 만약 일본 사람들이 한국의 백두산을 보고는 이토 히로부미의 업적을 기리자는 의미에

*이 부분에 나오는 여러 사례들에 관해서는 김경집, 『인문학은 밥이다』(RHK, 2013)의 162~167쪽을 참고했다.

서 '이토야마(이토 산, 伊藤山)'라고 이름 붙인다면 어떻겠어요. 민족의 정기를 상징하는 산인 백두산을 외국인들이 이토야마라고 부르고 다닌다면, 당연히 기분 안 좋겠죠.

　　예를 든 것이긴 하지만 세계의 지명에는 제국주의 역사의 흔적이 남아 있는 곳이 있어요. 여러분, 필리핀(Philippines) 아시죠. 스페인 역사상 가장 위대한 왕이라는 '펠리페(Felipe 1598~1621)'의 이름을 따서 지은 것입니다. 남아메리카에 '에콰도르(Ecuador)'라는 나라가 있어요. 스페인 어로 '적도'라는 뜻이에요. 스페인 사람들이 식민지로 삼은 후에 그렇게 이름 붙인 겁니다. 두 나라 모두 원래 거기에 살던 사람들이 지은 이름이 아니라, 정복자들이 붙인 이름입니다.

　　우리가 '라틴아메리카'라는 말을 쓰지요? 여기서 '아메리카'는 대륙을 처음 '발견'한 사람 '아메리고 베스푸치(Amerigo Vespucci 1454~1512)'의 이름을 따서 지은 겁니다. 통상 캐나다나 미국이 있는 북쪽을 '북아메리카'라고 하고 브라질이나 아르헨티나가 있는 남쪽을 '남아메리카'라고 하죠. 그런데 간혹 남아메리카를 '라틴아메리카'라고 부르는 사람들이 있어요. '라틴'은 과거 이탈리아, 스페인 남부에 살던 민족을 말합니다. 지금 사는 사람들과는 상관이 없죠. 라틴족의 후예가 정복한 땅이라는 역사적 사실을 환기시키고자 하는 의도가 있는 겁니다. 이건 누구의 시각이죠? 그렇습니다. 바로 당시 정복자였던 스페인의 입장입니다. 원래 살던 사람들로선 자존심 상할 뿐만 아니라 가슴 아프기까지 한 호칭이지요.

　　스페인이 침략하기 전 남아메리카 토착 주민 인구가 1600만 명 정도 되었대요. 그런데 스페인의 식민지가 된 지 100년이 지나 17세기에 이르자 토착 주민 인구가 100만 명으로 확 줄어듭니다. 그동안 1500만 명이 죽은 거예요. 정복자들의 총칼에 죽고 백인들과 함께 건너온 바이러스에 감염되어 죽습니다. 이 정도면 거의 인종 말살 수준이에요. 그런 사람들이 붙인 이름이니 마음이 어떻겠어요. 차라리 가치 중립적인 '남아메리카'가 훨씬 낫습니다.

산 이름, 나라 이름 하나 바꿔 부른다고 해서 크게 달라지는 건 없겠지만, 알게 된 이상 에베레스트보다는 초모랑마가, 라틴 아메리카보다는 남아메리카가 좋지 않을까요? 역사적으로 피해자였던 이들에 대한 배려라는 차원에서 말이지요. 우리도 식민지를 겪었잖아요. 조금만 신경 써서 역지사지하면 될 거 같습니다.

제가 영국에 교환 교수로 있을 때 페루에서 온 선생님을 만났어요. 서로 통성명을 하다 출신지를 물었더니 '아메리칸'이래요. 저는 별생각 없이 미국 어디에서 살았느냐고 했죠. 그랬더니 이분이 갑자기 정색을 하면서 자기는 미국인이 아니래요. 페루에서 왔다고 합니다. 저는 '아메리칸'이라길래 당연히 미국인인 줄 알았던 거예요. 그분은 페루가 아메리카 대륙에 있으니 '아메리칸'이라고 한 거예요. '아메리카(America)'라는 말을 두고 서로 다르게 해석한 거지요.

저는 아차 싶었습니다. 그분 말이 이래요. 당신이 '아시안 (Asian)'인 것처럼 나도 아메리칸(American)이다, 당신 같은 사람들이 역사를 가르치니 자기가 아주 피곤하다……. 멕시코, 페루, 아르헨티나 이런 나라 사람들도 아메리칸이니, 미국인만 콕 집어서 가리키려면 '미국 시민(U.S. citizen)'이라고 해야 한답니다. 일리가 있어요. 미국 중심적 사고가 아메리카 대륙에 사는 다른 나라 사람들을 소외시킵니다.

세계는 미국 말고도 다양한 나라가 있잖아요. 그럼에도 우리는 '외국'하면 '미국'부터 떠올립니다. 어려서부터 영어를 강요받는 시대라 그런가요? 외국인만 보면 영어로 물어봐요. 제가 지하철에서 본 장면이 그랬습니다. 지하철에 가족으로 보이는 외국인 세 명이 타고 있었습니다. 그런데 멀리서 한 아이가 걸어오더니 그들

앞에 서요. 그러더니 다짜고짜 묻습니다. "Where are you from?" 대단하죠? 영어 유치원이라도 나온 모양입니다. (웃음) 그런데 문제는 상대편이 꿀 먹은 벙어리였다는 거예요. 말을 안 하고 멀뚱멀뚱 꼬마를 쳐다봅니다. 나중에 알고 봤더니 이분들이 영어를 못 알아들은 거예요. 독일인 가족이었거든요.

여러분! 세계는 넓습니다. 영어 쓰는 나라는 영국, 미국, 캐나다, 호주 등 몇 개 안 돼요. 백인이라고 다 영어 하는 거 아니잖아요. 만일 여러분이 해외여행을 갔는데 어디선가 나타난 그 나라 사람이, 중국인 취급을 한다거나 일본어로 뭘 물어본다면 어떻겠어요. 은근히 기분 나쁘겠죠.

역사학적 관점에서 보면, 지명은 단지 편의상의 문제가 아닙니다. 세상을 바라보는 시각, 즉 세계관과 관련된 문제이기 때문입니다. 에베레스트나 라틴아메리카라는 이름은 그 지역에 실제로 사는 사람들이 아니라 그 지역을 식민 통치했던 서양인의 시각에서 비롯된 것입니다. 즉, 세계를 '서양'과 '서양을 제외한 나머지(rest of the world)'로 구분하고, 서양은 우월하고 비서양은 열등하다고 보는 서양 중심의 오만한 시각—이런 시각을 흔히 오리엔탈리즘(orientalism)이라고 하지요—이 담겨 있는 말입니다.

지금은 거의 쓰지 않는 소위 "지리상의 발견"이라는 말도 그래요. 거기 사는 사람들이 발견의 대상이 되어 버립니다. 서양인들에 의해서 '발견되고 이름도 붙여져야만 하는' 열등한 객체로 바라보는 거예요. 제국주의(imperialism, 강한 군사력과 경제력으로 다른 나라나 민족을 정벌하여 식민지로 삼는 침략주의 경향이나 정책)적 시각의 산물입니다.

일제 강점기에 일본이 편 식민지 정책 중에 가장 악독했던 '창씨개명'이라는 것이 있습니다. 아예 이름을 자기들 방식으로 하라는 거예요. 식민지 초기에만 해도 지명을 일본식 한자로 바꾸는 데 그쳤지만, 세계 2차 대전이 막바지에 접어들면서 수세에 몰린 일본 제국주의는 무려 2000만에 달하는 한국인의 이름을 바꿔 일본인들처럼 전쟁에 내몰겠다며 발악하기 시작합니다. 한국인과 일본인은 조상도 같고 뿌리도 같은 하나의 민족이라며 꼬드깁니다. 한국 민족의 정체성 자체를 뿌리째 뽑아내려고 한 거예요.

일제 강점기에 '이름 붙이기 전쟁'의 예는 많습니다. 1905년 일본은 한국의 외교권을 강탈하는 조약을 맺습니다. 그들은 이걸 '을사 보호 조약'이라고 했습니다. 남의 나라의 권리를 빼앗아 놓고는 '보호'라는 이름을 붙인 거예요. 강도가 경찰 행세를 하는 셈입니다. 그런데 부끄럽게도 우리는 한동안 이런 일본식 이름 붙이기를 그대로 써 왔습니다.

일본 제국주의가 한국을 식민지로 만든 것이 1910년 '한일 합방'이지요. 여러분, '합방'이 뭡니까? 하나로 합친다는 뜻이에요. '한일 합방'이라는 말에는 마치 한국과 일본이 서로 협의해서 그렇게 된 듯한 느낌이 있습니다. 강제성이 빠져 있어요. 그래서 요즘은 '합방'이라는 말 대신 '강제 병합' 혹은 '늑약(勒約)'이라는 말을 씁니다.

우리가 흔히 말하는 '종군 위안부' 혹은 '정신대'의 공식 명칭은 '일본군 전쟁 성노예(military sexual slave by Japan)'입니다. 이 말 속에는 부당하게 끌려가서 착취받았다는 의미가 충분히 들어 있지요. 반면 '위안부(慰安婦)'라는 말에는 '위안'을 주었다는 일본군의 시각이 반영된 말이고요. '정신대(挺身隊)'라는 말을 쓰면 자발적으로 일본을 위해서 나선 사람이 되어 버립니다.

역사에서 이처럼 '이름 붙이기'에는 강자들의 시선이 고스란히 반영되어 있어요. 약자들은 여기에 맞서 싸울 수밖에 없지요. 그러기 때문에 역사는 다른 사람이 그 사람의 의사에 반해서 억지로 갖다 붙인 이름을 다른 이름으로, 바른 이름으로 고치는 과정이라고 할 수 있어요. 잘못된 것들이 드러나면, 계속 고쳐야 합니다. 그러기 때문에 역사책은 매번 새로 쓰여요. 사실에 대한 해석이 늘 변한다는 점에서 역사에는 결정적 정답이 없습니다. 이거는 이거다, 라고 딱 정해진 답이 없어요. 물론, 여기서 주의할 점은 해석이 늘 옳게 바뀌기만 하는 것은 아니라는 점이지요. 그래서 정확한 사실에 근거한 해석인지를 잘 따져 보는 일이 필요해요.

세종은 왜 '대왕'이 되었나

여러분 혹시 세종 대왕의 이름이 무엇인지 아시나요? 한때 〈뿌리깊은 나무〉라는 드라마가 유행해선지 '한석규'라고 대답하는 사람들이 있는데, (웃음) '이도'입니다. 이씨 성이니 이름이 '도' 외자인 거죠. 조선 시대 왕들의 이름은 처음에 왕이 된 이성계나 이방원을 빼놓고는 다 이름이 외자예요. 왜 그런지 아세요? 당시에는 왕이 쓴 이름을 일반 백성은 사용하지 못하게 했습니다. 지금으로서는 이해가 안 가는 일이지만 그때는 왕이 신이나 마찬가지였잖아요. 아무튼 그래서 왕의 이름이 두 글자면 백성이 쓸 수 없는 이름 글자가 두 글자 생기는 겁니다. 그러니 한 글자만 사용해서, 그것도 잘 안 쓰는 한자만 골라서 왕의 이름을 지은 겁니다. 나름대로 백성에 대한 배려라고 할까요.

옛날 왕들의 권한은 지금 여러분이 상상하시는 것 이상으로 강력했어요. 방금 말씀드린 대로 이름에 못 쓰는 거야 돈 드는 일이 아니니 그렇다 치고, 왕이 민가에서 하룻밤 자고 가면 그 집을 통째로 헌납해야 했습니다. 대표적인 예가 서울에 있는 석파정(石坡亭)이에요. 지금의 서울미술관 안에 자리한 이곳은 예전에 고종의 아버지였던 흥선 대원군의 별장이었습니다. 그만큼 주변 경치가 아주 훌륭하지요. 재미있는 것은 그곳이 흥선 대원군의 손에 들어가기까지의 과정입니다. 원래는 당시의 세도가인 김흥근의 별장이었어요. 흥선 대원군이 이 집이 너무 탐이 나는 겁니다. 그래서 팔라고 했더니 김흥근이 안 판다고 버텨요. 그래서 흥선 대원군이 어떻게 했느냐면, 자기 아들 고종이랑 그 집에 가서 하룻밤을 묵고 옵니다. 결국 별장은 흥선 대원군의 손에 들어가게 되지요. 아까 말씀드렸듯이 왕이 잠을 자고 간 건물은 자동으로 왕실 소유가 되는 시대였거든요. 고종이 왕이잖아요. 김흥근은 울며 겨자 먹기 식으로 석파정을 기증합니다. 말이 기증이지 사실은 빼앗긴 거나 다름없잖아요?

어쨌든 조선은 이처럼 강력한 왕권을 기반으로 한 나라였어요. 다시 원래 이야기로 돌아오면 이도 즉 세종에게는 그냥 왕도 아니고 '대왕'이라는 호칭이 붙습니다. 우리나라 역사에서 '대왕(大王)'은 많지 않아요. 그만큼 훌륭한 업적이 많았다는 이야기겠지요. 그럼, 세종은 언제부터 대왕이 되었을까요?

원래 『조선왕조실록』에는 '세종 대왕'이라고 쓰여 있지 않아요. 『조선왕조실록』은 500년 동안 왕이 매일 무엇을 했는지 적은 기록물입니다. 이런 건 전 세계에 '조선'이라는 나라밖에 없어요. 문화적 가치로만 보면 피라미드, 만리장성과 견주어도 절대 떨어지지 않습니다. 이 기록은 『태종실록』, 『세종실록』처럼 왕 별로 나뉘어 있습니다. 여기서도 보이듯이 세종은 '대왕'이 아니었습니다. '세종 대왕실록'이 아니라 그냥 '세종실록'이잖아요. 더 놀라운 일은 실록에 보면 세종 대왕의 한글 창제가 굉장히 하찮은 일로 기록되어 있다는 겁니다. 대신 사군육진 개척 같은 군사적 성과나 우리가 잘 알지도 못하는 다른 자잘한 일들을 강조합니다. 실제로 당시 훈민정음, 즉 한글에 대해서 지배층들 사이에 부정적인 의견들이 많았다는 사실은 여러분도 잘 알고 있을 거예요. 양반들의 전유물이자 '대국(大國)'의 글자인 한자를 버리고 일반 백성이랑 똑같은 글자를 써야 한다는데 좋을 리가 없었겠죠.

　　세종이 '대왕'으로 불리게 된 것은 조선이 강제로 일본의 식민지가 되고 나서부터예요. 아까 말씀드렸다시피 일본 제국주의는 우리 민족의 성과 이름을 빼앗아가는 데 그치지 않았습니다. 아예 한글을 사용 못 하게 했어요. 이때부터 우리말과 글을 지키는 게 민족의 살길을 찾는 일이자 독립운동이 된 거예요. 그러면서 훈민정음을 창제한 세종은 '대왕'으로 불리게 됩니다.

　　세종은 왜 훈민정음을 만들었을까요? 여러분께서는 아마 훈민정음 서문에 나오는 '애민 정신'과 '실용 정신', '자주 정신'과 같은 말들이 떠오르실 겁니다. 그런데 연구자들이 조사를 해 보니, 세종의 의지와 함께 백성의 욕구가 있었다는 거예요. 당시 우리나라의 문화수준은 세계적으로 수준급에 속했습니다. 그런 상황에서 글씨를 모르는 일반 백성이 자기 생각을 표현하고자 하는 욕구가 있었던 겁니다. 의식 수준이 높아진 백성을 다스리려면 효과적인 통치 수단이 필요했고 그것이 바로 글자였다는 것입니다. 벌로 다스리기에는 백성이 너무 똑똑해진 거예요.

　　한글 창제에 대한 연구 초기에는 한글 창제의 이유로 세종 개인의 훌륭함을 꼽았습니다. 백성을 굽어살피려는 좋은 임금이 내려 준 선물이다, 이렇게 봤던 거죠. 그러다가 좀 더 살펴보니 백성이 원하니까, 똑똑해진 백성을 다스리려는 필요성 때문에 한글을 만들었다는 거예요. '시혜'냐 일종의 '통치술'이냐, 하나의 역사적 사실을 두고 이렇게 해석이 달라지는 겁니다. 우리는 일상에서도 이러한 시각의 차이를 경험합니다.

　　제가 학생 때 겪은 일이에요. 학교 정문 앞에서 남자 둘이서 치고받고 싸우고 있었어요. 한심했습니다. 대낮부터 술 취한 놈들이 뭔 짓이야, 싶었던 저는 가서 말리려고 했습니다. 요때만 해도 겁이 없었나 봐요. (웃음) 그런데 가까이 가서 보니 날치기와 격투를

벌이는 중이었던 거예요. 남자가 여자 친구의 가방을 찾아 주려고 육탄전을 벌이는 상황이었습니다. 아마 주변의 다른 사람들도 저와 같은 생각이었는지 몰라요. 왜냐하면 제가 학교에 다닐 당시 학생들이 술을 자주 마셨거든요. (웃음) 저는 철저하게 편견을 가진 제삼자의 시선이었던 겁니다.

한일 강제 합병을 바라보는 다른 나라의 시선도 그랬을 수 있어요. "한국하고 일본하고 조약을 맺어서 한 나라가 되었다는데 무슨 문제야?" 할 수 있잖아요. 자세한 내용은 하나도 모르면서, 게다가 피해자인 우리나라 이야기는 듣지도 않고 말이죠. 문제는 무관심한 제삼자의 시선이 강자의 시선과 같을 수가 있다는 겁니다. 마치 제가 페루에서 온 교수에게 아메리칸이면 미국 사람이냐고 물었던 것처럼 말이죠.

역사적인 사실은 하나인데, 보는 눈에 따라 의미가 달라지는 거예요. 해석이 제각각입니다. 한편 답답한 일이기는 하지만, 여러분이 역사를 공부할 때 느낄 수 있는 재미 중 하나이기도 합니다. 아무도 정답을 모르기에, 자기가 그럴듯한 논리를 갖추면 그게 또 하나의 답이 돼요.

이를테면, 1592년에 일어난 임진왜란 당시 의병들이 왜 열심히 싸웠는지에 대해서도 해석이 여럿 있습니다. 왕에게 충성을 바쳐야 한다는 유교적 충(忠)의 윤리에서 의병을 일으켰다, 유교적 충성심보다는 자기 고향과 지역 사람들을 지키기 위해서 싸웠다, 아니다 전쟁 끝나면 나라에서 상이나 벼슬을 받을 생각에서 싸웠다 등의 해석이 있어요. 만약 역사에 정답이 있는 거라면 이렇게 여러 해석이 나올 수 없잖아요. 더 놀라운 건 20, 30년 역사 공부했다는 사람들도 역사 해석에 관한 한 목소리가 다르다는 사실이에요. 우리가 눈에 보이는 하나의 현상을 놓고, 여러 가지로 이름 붙이는 게 적어도 역사라는 학문에서는 전혀 이상한 일이 아닙니다.

그럼 정답도 없는 역사는 도대체 어떻게 공부하란 말이냐? 궁금증이 생기시죠? 이게 지금부터 여러분께 말씀드릴 내용입니다. 역사는 이름 붙이기라고 했지요. 따라서 역사를 공부한다는 것은 그 이름에 담긴 의미를 찾아가는 행위입니다. 그러려면 자기 생각, 자기 눈으로 역사를 볼 수 있어야 해요. 다른 공부랑 많이 다르죠? 대개는 정해진 답이 있고, 거기에 맞게끔 혹은 거기로 향하도록 자기 생각을 옮겨 가는 거잖아요.

저도 역사를 전공하기 전에는 여러분처럼 정답 맞추기에 정신이 없었습니다. 오답 노트를 만들어서 '아, 이래서 틀렸구나, 이렇게 하면 틀리는구나.' 하면서 공부했어요. 그런데 대학에 와서 공부해 보니까 그 방법이 전혀 안 먹혀요. 정답이라고 생각해서 적었는데, 박사 학위 논문을 안 통과시켜 줍니다. (웃음) 그런데 그 이유가 더 기가 막혀요. 내용이 다른 사람과 다르지 않다는 거예요. 독창적이지 않다는 겁니다. 때론 정반대로 생각하거나, 설령 다른 사람은 다 옳다고 주장해도 내가 근거를 갖고 반론을 제기했을 때 칭찬을 해 줍니다. 그러면서 세계를 바라보는 자기만의 눈이 필요한 거라는 사실을 깨닫게 되었습니다. 지금부터 말씀드리는 '인권'도 여러분 입장에서 한번 잘 생각해 보시기 바랍니다.

"나는 왜 노예로 살아야 하는가"

'인권'이라는 말은 산이나 바다, 기쁨이나 슬픔처럼 원래 있었던 말이 아니에요. 세종 대왕이 한글을 만든 것처럼 '인권'이라는 말도 '발명'된 거예요. '발견'이 아닙니다. 원래 있었던 게 아니라 새롭게 만들어진 거예요. '한일 강제 합병'이나 '을사늑약', 세종 대왕의 '한글 창제'와 같이 역사 속에서 일어나는 모든 일은 '만들어지는' 것입니다. 그럼 누가 만들까요? 우주는 신이 창조했다고 말할 수 있을지 몰라도, 역사는 사람이 만듭니다. 뒤집어서 말하면 사람에게만 역사가 있어요. 자의식이 없는 동물에게 역사는 없습니다. 역사는 오로지 인간의 영역에서만 존재해요.

인간 세계에서 일어나는 모든 일은 자연적으로 생긴 것이 아니라 인위적으로 만들어진 것입니다. 불의 사용, 석기의 발명, 농사, 국가의 탄생, 이 모든 것이 자연을 변화시키거나 가공하거나, 심지어는 정복해 가면서 인간이 만들어 낸 것들입니다.

'인권'도 인간이 발명한 거예요. 300년 전만 해도 '인권'이라는 말은 없었습니다. 그런 개념 자체가 없었으니까요. 인간의 의식 수준이 발전하면서 생긴 말입니다. '노예 제도'도 마찬가지입니다. 원시 공동체 사회에서는 존재하지 않았던 것이지요. 그러다 잉여 생산물이 생기고 계급이 생기면서 노예라는 것이 생겨납니다. 노예 제도는 지금 시각으로는 사람이 사람을 소유하는, 말도 안 되는 제도지만 예전엔 그렇지 않았겠지요. 따라서 '노예 제도'가 선험적으로 나쁘다는 논리는 성립하지 않습니다. 그런 생각이 처음부터 있었던 것은 아니기 때문입니다.

고대 서양 철학을 대표하는 아리스토텔레스 같은 사람은 노예를 일컬어 "말하는 동물"이라고 했습니다. 실망스러운가요? 아리스토텔레스는 고대 그리스 사람입니다. 그때는 그게 상식이었던 겁니다. 당시 아테네의 인구는 대략 22만 명이었는데, 노예, 외국인, 여자를 포함해서 약 20만 명 정도는 사람대접을 못 받았습니다. 나머지 2만 명쯤 되는 '자유 시민'만이 사람대접을 받았지요. 노예건 시민이건 '사람'이라면 누구나 당연히 누려야 할 '인권'이라는 개념을 알지도 못했고, 존재하지도 않았어요. 놀랍게도 그런 노예 제도는 인류 역사에서 만 년 동안 지속됩니다. 노예와 노예 주인의 관계는 마치 겨울에 눈이 오고 봄에 꽃이 피는 것처럼 자연스러운 것으로 여겨졌어요. 그럼 만 년 동안 살았던 사람은 다 바보였을까요? 아닙니다. 여러분이나 저 같은 평범한 사람들이었지요.

고대 그리스, 로마 시대를 거치면서 노예 제도는 사라집니다. 대신 중세에는 '농노'라는 게 생기지요. 이들은 이전의 노예와 달리 부분적으로 개인적인 생활이 가능했습니다. 자기 집에서 가족들과 함께 살았어요. 쟁기나 호미 같은 농기구를 갖고 있었습니다. 그러나 여전히 신분제 사회였습니다. 주인이 시키는 일을 해야 했으며 세금을 바쳐야 했지요. 마음대로 이사를 할 수 없었고 심지어 '초야권'이라는 것이 있어서 결혼을 앞둔 처녀는 영주와 먼저 하룻밤을 지내야 했습니다.

동서양을 막론하고 신분제에서는 하인이 주인의 시중을 들고 수발하는 것이 아주 자연스럽고 당연했습니다. 그런데 어쩌다 신분제가 철폐되었을까요? 누군가 부당하다고 대들었기 때문이에요. 남들이 상식이라고 생각한 것에 반기를 든 사람들이 있었기 때문입니다. 그런 사람들이 싸워 나간 끝에 오늘날 모든 사람이 '법 앞에 평등한' 사회가 온 거예요. 역사는 다른 생각을 하는 사람들이 있기에 발전합니다. 만약 모두가 앞 세대와 같은 생각과 가치를 갖고 있었다면, 우리는 여전히 노예 제도가 횡행하는 사회에 살고 있을지 모릅니다. 신분제가 철폐되지 않았다면 지금 이 자리에 우리가 이렇게 함께 있을 수가 없어요. 다들 자기는 양반이고 공주나 왕자가 될 거

로 생각하지만 그렇지 않습니다. 하인이기 십상입니다. (웃음)

앞사람의 생각을 그대로만 받아들이면 다른 길은 열리지 않습니다. 그들의 지식을 외워서 그대로 따라 하면 그 이상의 세상을 만들 수 없습니다. '이건 부당하지 않나?' '이런 건 바뀌어야 하지 않을까?' 그랬을 때 의미 있는 역사가 열립니다. '나도 사람인데, 왜 내 의견은 정치에 반영이 안 되지?' '왜 내 마음대로 이사를 못하지?' '왜 내 마음대로 결혼을 못 할까?' 오늘날 여러분과 저는 이런 생각을 했던 사람들에게 빚을 지고 있는 셈입니다.

위대한 과학적 발견도 '다른 생각'에서 시작합니다. 만유인력을 발견한 물리학자 아이작 뉴턴도 그랬지요. 평생을 독신으로 살았던 이 사람은 신이 이 세계를 움직인다는 유럽인들의 오랜 믿음에 종지부를 찍습니다. 이전까지 사람들은 하느님이 세상을 만들고, 지구 위에서 인간이 떨어지지 않도록 힘을 줘서 인간이 땅에 발을 붙이고 산다고 생각했죠. 그런 오래된 신념은 아이작 뉴턴의 사과한 방에 산산이 깨지게 되죠. 지구에서 우리를 끌어당기는 건 신이 아닌 '중력'이라는 걸 밝혀냈으니까요. 뉴턴이 던진 질문은 아주 단순합니다. "그 (자연스러워 보이는) 일이 과연 자연스러운가?"입니다. 사과나무에서 사과가 떨어지고, 감나무에서 감이 떨어지는 거 너무나 당연한 일이잖아요. 그런데 뉴턴은 "왜 사과는 하늘로 치솟지 않고 아래, 땅으로 떨어지는가?"라고 처음으로 물은 사람이에요.

여러분이 아는 또 다른 위대한 과학자 아인슈타인은 어때요. 우주가 창조되고 빛이 만들어진 이래 처음으로 빛보다 빨리 달린다면 어떤 일이 생길까? 하고 생각했던 사람이에요. 그전엔 아무도 그런 질문을 하지 않았었죠. 누군가 지극히 정상이고 자연스럽다고 생각한 일에 질문을 던지는 순간 새로운 진리의 길이 열렸습니다. 인류의 역사는 이처럼 당연해 보이는 것이 과연 당연한 것인가라는 질문에 힘입어 발전해 왔습니다.

아까 말씀드렸듯이 인류 역사에서 오랫동안 노예 제도가 있었습니다. 그것은 사과가 나무에서 떨어지듯 당연한 일이었지요. 하지만 그 시절에도 '노예도 사람'이라는 생각을 한 사람들이 있습니다. 대표적인 사람이 로마 시대의 검투사 스파르타쿠스(Spartacus) 입니다. 루마니아 출신의 노예였던 그는 '나는 왜 노예로 살아가야 하는가, 왜 나는 다른 사람들의 재미를 위해 동료 인간을 죽이는 검투 경기에 나가야 하는가?'라는 질문을 던졌습니다.

고려 시대 노비였던 만적도 그랬습니다. 당시 최고 실력자 최충헌의 사노비였던 그는 '도대체 왜 내가 노비로 살아야 하는가?'라는 의문을 품고 세상을 바꾸고자 천민들을 모아 봉기를 일으키지요.

신분은 그 사람이 선택한 것이 아니잖아요. 왜 내가 선택하지도 않은 것 때문에 차별을 받아야 합니까? 오늘 우리가 이 자리에서 얘기하고자 하는 '인권'은 바로 그러한 '차별'이 부당하다는 생각에서 시작된 개념입니다.

사람의 피부색, 인종, 민족, 언어, 지역, 이런 건 내가 태어날 때부터 정해지는 것입니다. 내 생각, 내 의지로 선택할 수 없는 요소들이죠. 노력한다고 바뀔 수 있는 부분들이 아니니까요. 만일 방금 나열한 그런 이유로 내가 자유롭게 살지 못한다면 그건 '차별' 때문입니다. 그런 문제의식이 모여 '평등'이라는 개념을 만들고 이를 바탕으로 뛰어난 사람이나, 어리석은 사람이나, 아픈 사람이나, 아프지 않은 사람이나, 가진 게 많은 사람이나, 그렇지 않은 사람이나, 기본적으로 인간은 존엄하다는 생각에 이르게 됩니다. 바로 '인권'이 탄생하는 순간이지요. 인권은 하느님이 인간에게 내린 선물이 아니라 인간의 힘으로 스스로 인간답게 살고자 만들어 낸 것입니다. 당연하다고 여긴 것들에 대해 던진 질문의 결과이기도 하고요.

기억이 미래를 결정한다

역사와 관련하여 또 하나 말씀드리고 싶은 것은 바로 '기억'입니다. 역사는 과거에 일어난 사건에 대한 기억에서 출발합니다. 그러나 과거에 자신이 겪은 모든 일을 다 기억하는 사람은 없습니다. 기억하지 못하는 과거는, 존재하지 않는 것이나 마찬가지입니다. 그래서 인간은 글자를 발명해서 기억을 기록으로 연장시켰습니다. 사실, 오늘날 우리가 아는 모든 역사는 과거 그 자체가 아니라 '기억된 과거'입니다. 따라서 실재했던 과거는 언제나 역사보다 큽니다.

그런데 과거에 대한 기억은 사람마다 제각각입니다. 같은 일을 두고 기억이 갈립니다. 우리가 평소 많이 경험하는 일이기도 하죠. 예컨대 여러분 가족이 2박 3일 일정으로 제주도 가족 여행을 갔다고 합시다. 여행을 다녀와서 회상하는데 가족마다 달라요. 저녁에 반주 한 잔 곁들이며 아빠가 바라본 바다, 신혼여행 때의 추억을 생각하며 엄마가 바라본 바다, 여러분이 친구와 문자를 주고받으면서 틈틈이 바라본 바다는 모두 다릅니다.

역사도 마찬가지입니다. 누가 기억하느냐에 따라 역사의 모습은 달라집니다. 기록이나 이야기, 혹은 해석도 마찬가지입니다. 기록이나 이야기는 결국 '기억을 연장·보존하기 위한 보조 기억 장치'이기 때문이지요.

아까 든 예에서 가족이 공통적으로 기억하는 사실도 있을 겁니다. 숙소나 음식, 혹은 방문지에 대한 기억은 비슷할 거예요. 그런데 기억이 다르다고 해서 누군가 이를 두고 '콩가루 가족 여행'이라고 부른다면 어떻겠어요. 저 사람 뭐지? 싶을 겁니다. 잘 알지도 못하면서 주제넘게 무슨 짓이냐며 항의할 일이에요. 평가의 주체는 여행의 당사자인 가족이어야 합니다. 역사도 마찬가지입니다. 인류 역사의 주체는 신이 아니라 인간 자신이어야 해요. 마찬가지로 네팔이든 남아메리카든 그 지역의 역사와 자연의 주체는 정복자였던 영국이나 스페인이 아니라 바로 그 지역 사람들 자신이어야 합니다. 한국 역사의 주인공이 한국인이듯이 말이에요.

역사는 '기억과 기억의 싸움'입니다. '나의 기억과 너의 기억'과의 싸움이지요. 또한 역사는 '좋은 기억과 나쁜 기억'의 싸움이기도 합니다. 기억 속에는 영광과 승리의 드라마가 있어요. 반면 부끄럽고 힘들어서 잊고 싶은 기억도 있습니다. 대개 나쁜 기억을 지우고 싶어 하지요. 인간이라면 누구나 그럴 겁니다. 하지만 그렇다고 역사에서 우리가 기억하고 싶은 것만 기술한다면 그것은 좋은 역사일까요?

기억하기 싫은 일도 길게 보면 여러분의 삶에 훌륭한 자양분이 됩니다. 반성의 근거가 되잖아요. 전화위복이나 타산지석의 계기로 삼을 수가 있지요. 부끄럽다고 기억에서 지운 다음 같은 실수를 반복하는 것보다는 괴롭더라도 나은 미래를 위해서라도 기억하는 것이 좋습니다.

일본은 지금도 자신들의 부끄러운 과거를 인정하지 않습니다. 여전히 호전적인 발언을 서슴지 않지요. 괴롭더라도 독일처럼 지난 과오를 인정하고 새롭게 시작하는 게 올바른 태도라는 건 길게 설명 드리지 않아도 잘 알 수 있을 겁니다.

식민지 피해자인 우리는 어떻습니까? 우리는 그 시절의 역사에 대해 올바르게 기억하고 있을까요? 흔히들 과거의 잘못은 덮고 가자고 말합니다. 예전에 친일파들이 쓰던 논리예요. 그 시절엔 어쩔 수 없었다고 말이죠. 한 사람 한 사람 다 따지면 누가 남겠느냐는 이야기도 합니다. 친일은 우리에게 부끄러운 역사예요. 그렇다고 대충 넘어가도 될까요? 몇몇 사람들이 말하는 대로 미래를 위해 묻어 두고 가는 게 좋을까요? 그렇지 않습니다. 부끄러운 역사도 밝혀서 반성의 기회로 삼아야 합니다. 친일파들이 승승장구한 우리 근현대사를 직시해야 해요. 그래야 다시는 그런 일이 역사에서 반복되지 않습니다.

저는 이 자리에서 두 가지를 여러분께 당부하고 싶습니다.

하나는 잊고 싶은 기억일수록 더 나은 미래로 가기 위한 디딤돌로 삼자는 것이고 다른 하나는 남들이 상식이라고 말하는 것, 자연스럽고 당연한 것을 의심하고 거기에 질문을 던지는 사람이 되자는 겁니다. 어른들이 하는 말을 무조건 받아들이지 말고, 왜 부모님은 내게 명령만 하는지, 선생님은 왜 내게 점수만 강요하는지 의문을 품어 보자는 겁니다. 지금 당장은 답을 발견할 수 없을지라도 그런 태도는 분명히 여러분의 미래뿐만 아니라 우리의 역사를 한 걸음 더 나아가게 하는 밑거름이 될 것입니다.

다시 말씀드리지만 역사는 기억입니다. 기억은 기억하는 사람에게만 존재해요. 의도적으로 기억하려는 노력을 기울이지 않으면 금세 사라져요.

치매라는 무서운 병이 있습니다. 뇌 세포가 점차 파괴되는 퇴행성 질환이지요. 이 질병이 무서운 이유는 기억을 앗아가기 때문입니다. 기억하지 못하는 삶은 불행합니다. 즐거운 일이든 슬픈 일이든 나름대로 의미가 있어요.

여러분의 생애, 여러분이 앞으로 살아갈 날들 속에는 지금보다 훨씬 많은 기억이 기다리고 있을 것입니다. 어떤 것은 저절로 사라지고 어떤 것은 기억에 남겠지요. 누가 더 의미 있는 기억을 많이 가지고 있느냐에 따라 여러분의 미래는 달라질 것입니다.

오늘날 상식이 된 '인권'은 과거 우리 기억 속에 없었습니다. 만약 인류가 사회적 약자에 대한 차별과 싸워 온 역사를 잊는다면 '인권'은 또다시 사라질 것입니다. 우리는 인권의 역사를 기억하고 지금도 여전히 세계 곳곳에서 차별과 싸우는 사람들을 기억해야 합니다. '인권'이야말로 인류가 역사적으로 성취한 가장 중요한 '기억'이라고 저는 생각합니다.

나쁜 역사도 역사다

청소년: 우리에겐 일제 강점기라는 수치스런 역사가 있습니다. 일본 정부가 독도나 일본군 전쟁 성노예 관련 망언을 할 때마다 울분을 느낄 때가 한두 번이 아닌데요, 그런데 혹시 우리 역사에도 다른 누군가에게 폭력을 가한 경험이 있지는 않을까 생각했습니다. 예전에 베트남 전쟁과 관련한 기사를 본 적이 있었거든요. 베트남 전쟁에 참전한 한국인이 베트남 여성 사이에 아이를 낳았는데, 그 베트남 여성과 아이가 방치된 채 힘들게 살아가고 있다는 내용이었어요. 항상 피해자로서 우리나라만 생각하다가 그런 일이 있었다는 것을 알고는 당황스러웠습니다. 혹시 우리 역사에 그런 사례가 더 있는지요.

오인영: 베트남 전쟁 당시 한국군은 1964년부터 1973년까지, 9년여 동안 우리와는 아무런 상관도 없는 나라에 가서 총을 들고 싸웠습니다. 그 과정에서 무고한 베트남 사람들을 학살하기도 했지요. 이를 두고 공산주의자들과의 싸움이었다며 정당화하려는 사람들도 있지만, 저는 사과하는 게 맞다고 생각합니다. 옳지 않은 일에 대해 솔직하게 사과하는 게 더 훌륭한 자세라고 생각합니다. 역지사지해야 해요.

광개토 대왕은 우리 역사상 가장 넓은 영토를 지배한 왕으로 알려져 있습니다. 전성기 때 한반도보다 무려 20배나 넓은 땅을 차지했으니 자랑스러워할 만한 일이지요. 하지만 당시 정복 전쟁에서 희생된 다른 부족이나 민족을 생각하면 미안한 일이기도 합니다. 중국에서 영토를 넓히고자 우리 땅을 쳐들어왔을 때 어땠나요? 역사적 사실은 관점에 따라 달리 판단할 수 있습니다. 빛과 그림자처럼 좋은 면이 있으면 그렇지 않은 면도 있기 마련이지요.

그런 부분들에 대해서도 우리가 제대로 알고 있어야 한다고 생각합니다. 질문하신 분의 취지도 그런 것 같고요. 어둡고 부끄러운 것을 감추려고 하지 말고 좋은 면과 나쁜 면을 모두 다 살펴보고 자기만의 관점으로 판단하는 것, 저는 이것이야말로 역사를 올바로 기억할 수 있는 훌륭한 태도라고 생각합니다.

청소년: 보는 관점이 바뀜에 따라 역사가 계속 변한다고 말씀하셨는데요. 그렇다면 정답이 없는, 그런 역사를 배우는 것이 무슨 의미가 있을까요? 역사를 공부하는 것이 미래에 어떤 도움이 되는지 궁금합니다.

오인영: 영국의 시인 바이런은 "과거는 가장 위대한 예언가다"라는 말을 했습니다. 개인으로 치자면 그 사람이 살아온 면면이 앞으로 어떤 삶을 살 게 될지를 결정한다는 말이겠지요. 역사도 마찬가지입니다. 우리가 역사를 배우는 이유는 현재를 올바르게 살아 나가고 이를 통해 더 나은 내일을 만들고자 하는 것 아니겠습니까?

여러분이 앞으로 어떤 삶을 살게 될지를 결정하는 것은 오늘까지 살아온 여러분 자신이에요. 누가 대신 살아 주는 거 아닙니다. 예컨대 여러분이 일곱 살 때 '나는 과학자가 될 거야'라고 결심했다고 칩시다. 그런데 열일곱 살이 되어 보니 그 꿈을 이루기에 많이 부족해요. 그럼 그때까지 자신의 꿈을 이루고자 하는 노력을 게을리한 겁니다. 하지만 기회는 있어요. 그걸 깨닫고 지금부터라도 과학자가 되려고 열심히 공부하자, 마음먹으면 10년 후에는 달라질 수 있는 거예요.

제 생각에 잘못된 인생을 산 사람에게 제일 큰 벌은 과거 그 자체입니다. 바꿀 수가 없잖아요. 이미 지은 죄를 어떻게 없었던 것처럼 살아갈 수 있겠어요. '과거' 자체는 지울 수가 없어요. 사과를 해도 반성을 해도 과거의 죄는 남습니다. 그래서 많은 사람들이 잘못을 저질러 놓고도 아닌 것처럼 미화합니다. '가짜 기억'으로 포장하려는 거예요. 예전에 우리나라 독재자들이 그랬잖아요. 군사 쿠데타를 '구국의 결단'으로 미화했습니다. 결국은 많은 국민이 그런 '가짜 기억'과 싸워서 지금의 역사를 이룩한 거고요.

가짜 기억, 포장된 기억을 걷어 내는 힘은 다름 아닌 스스로 생각하는 힘입니다. 옳다, 그르다, 진보적이다, 보수적이다, 이런 걸 떠나서 자기 눈으로 생각하고, 자기 눈으로 판단하는 게 중요해요. 인권은 그러한 판단의 근거 중 하나가 될 수 있습니다. 모든 인간이 기본적으로 동의할 수 있는 부분이니까요. 오늘날 모든 인간이 동등하다는 사실을 부정할 수 있는 사람은 없을 겁니다.

청소년: 역사를 좀 더 재미있게 공부할 수 있는 방법이 있을까요?

오인영: 단계적으로 해 나가는 게 좋습니다. 처음엔 흥미를 붙이는 게 중요하죠. 역사 이야기를 쉽게 다룬 책을 보아도 좋고요. 더 알고 싶으면 좀 더 깊이 있는 책을 보면서 역사를 공부하는 겁니다.

철학을 공부하는 사람들이 반드시 거쳐야 할 사람 중 임마누엘 칸트가 있습니다. 이분 책이 엄청나게 어려워요. 『순수 이성 비판』 같은 책은 하나의 세부 주제를 가지고 10쪽도 넘게 이야기가 이어져요. 그런데, 놀랍게도 이 책이 세상에서 가장 재미있다고 말하는 사람도 있습니다. 우리나라에서도 공부 열심히 하기로 손꼽히는 학자인데요, 이분 말이 칸트의 『순수 이성 비판』처럼 재미있고 아름다운 책이 또 없더라는 거예요.

특별한 사람의 사례이긴 합니다만, 보통 사람들도 흥미를 느끼면 딱딱하고 어려운 글도 재미있게 읽을 수 있다고 생각합니다. 역사도 마찬가지입니다. 개인적 관심이 있는 사람이나 주제부터 하나하나 찾아 나서다 보면 어느 순간 역사 자체를 공부하는 재미에 푹 빠진 자기 자신을 발견할 수 있을 겁니다.

3강. 글쓰기와 인권

안수찬(《한겨레》 기자)

여러분, 제가 이 자리에서 여러분께 글쓰기를 강조하는 이유는 바로 여러분의 시기가 감수성이 한창 예민할 때이기 때문입니다. 세상 모든 일이 여러분의 글에 담길 수 있어요. 좋은 글을 쓰고, 세상을 바꾸고, 그렇게 훌륭한 길을 가는 것은 좋은 대학을 가고 좋은 직장을 가져야 가능한 것이 아닙니다. 나 자신의 내면에 귀 기울이고 이웃의 삶에 눈을 돌리면 좋은 글을 쓸 수 있어요. 세상을 느낄 수 있는 감수성이 충만한 시기에 시작한 글쓰기는 나이가 들어도 좋을 글을 쓰게 만드는 원동력이 됩니다.

안녕하세요. 안수찬입니다. 대학에서는 사회학을 공부하고 1997년 한겨레신문사에 입사했지요. 사회부 사건팀 기자로 2년 6개월간 일했습니다. 그다음 스포츠부에서 2년 6개월 있었어요. 박지성, 이영표가 활약할 무렵 제가 축구 담당이었습니다. 월드컵 4강 진출에 기여했어요. 그들이 대성할 거라고 기사를 썼거든요. (웃음) 그다음 정치부에서 당시 한나라당 담당 기자를 했습니다. 이후 탐사보도팀장, 사건팀장, 국제부 차장, 주간지 〈한겨레21〉 사회팀장 등을 했지요. 지금은 잠시 휴직하고 모 대학에서 언론학 공부를 하고 있습니다.

더 나은 세상을 위한 글쓰기

저는 글쓰기를 직업으로 삼은 사람이에요. 여러 글쓰기 가운데서도 소설이나 논문이 아닌 기사를 씁니다. 다른 글쓰기와 비교해 기사 쓰기는 사람을 직접 만나 그들의 이야기를 다룬다는 특징이 있습니다. 16년 넘게 기자 생활을 하면서 많은 사람을 만났어요. 그중엔 가난하고 소외받은 사람들이 많았습니다. 이번 강연의 주제가 인권이잖아요. 제가 그동안 써 온 글은 가난하고 소외받은 사람들의 인권에 대한 글이었어요. 그들의 인권을 이해해야 더 좋은 세상이 만들어질 거라 생각했어요. 오늘 저는 그동안 써 왔던 글을 바탕으로 '더 나은 세상을 위한 글쓰기'에 대해 말씀드리고자 합니다.

글쓰기는 여러분의 삶을 풍요롭게 만들고, 여러분의 삶을 지켜 줄 강력한 무기입니다. 그런 점에서 글쓰기는 '진정한 공부'입니다. 내 삶을 위해 평생 배우고 익혀야 하는 진짜 공부라는 뜻이에요.

공부, 하니까 벌써 지겨워지죠? (웃음) 우리나라에서 공부는 '어쩔 수 없이' 해야 하는, 귀찮고 성가신 일로 받아들여지잖아요. 공부 안 하면 낙오자 취급을 받으니까, 어쩔 수 없이 해야 하는 일로 생각하지요. 우리는 적성보다는 간판을 위해 공부해요. 일류 대학에 들어가느냐 마느냐를 두고 고심하지요.

실제로 한국에선 인품 혹은 재능으로 사람을 평가하지 않아요. 성별, 학벌, 직업, 출신 지역 등을 따집니다. 여기에 더해 요즘은 재력이 중요한 기준이 되었지요. 직장, 아파트 평수, 사는 동네 등에 따라 사람을 구분하지요. 조금 과장되게 표현하자면 조선 시대처럼 양반, 평민, 머슴으로 나누어 사람을 대해요. 봉건 사회와 다를 바가 없습니다. 애석한 일이지만, 사회 전 분야에서 차별이 일상화된 사회입니다.

그러니 대학을 입학하는 순간부터 사람의 운명이 결정되는 것처럼 보입니다. 그런데 이런 모든 것을 돌파하고 극복할 수 있는 하나의 길이 있어요. 직업이 무엇이건 어떤 학교를 나왔건 상관없이 자신의 진정한 능력을, 내면의 지성과 감성을 마음껏 발휘할 수 있는 방법이 있어요. 글쓰기를 잘하면 됩니다. 좋은 글을 쓰는 사람은 자신의 학력, 출신, 재력 등에 상관없이 그 삶을 만끽하면서 세상을 향해 자신을 알릴 수 있어요.

여러분이 아는 유명한 필자들이 바로 그 증거입니다. 혹시 생각나는 사람 있나요? (청소년: "김훈, 홍세화 …….") 그렇습니다. 정말 많은 사람이 좋은 책을 썼지요. 모두 훌륭한 글쟁이들입니다.

그런데 말씀하신 분들의 공통점이 있어요. 그들은 세상이 말하는 명문 대학, 좋은 직업, 많은 재력을 지니고 있는 분들이 아니었어요. 소설가 김훈은 대학을 중퇴했습니다. 언론인 홍세화는 좋은 대학을 나오긴 했지만, 아주 오랫동안 외국에서 택시 운전사 생활을 하며 밑바닥 인생을 경험했다 하겠습니다. 다른 분들도 우리 사회에서 말하는 소위 '일류 스펙'과는 거리가 있는 분들입니다. 그럼에도 많은 분의 지지와 존경을 받고 있지요. 왜 그럴까요?

이들 모두 글을 잘 씁니다. 저마다 이력과 관심 분야는 다르지만, 책을 통해 많은 독자를 만난 분들입니다. 자신의 생각과 경험을 글에 담아 독자들에게 전달한 거죠. 글쓰기를 통해 재미와 감동을 주면서, 세상 살아가는 의미와 가치를 전달한 겁니다.

이처럼 글을 잘 쓰면 이른바 '스펙'이 좋지 않아도 사회적으로 성공한 사람이 될 수 있어요. 여러분 부모님 중에는 의사나 판검사가 최고의 직업이라고 여기는 분들이 계실지도 모릅니다. 그러는 데에는 나름 이유가 있어요. 좋은 직업을 가져야 무시당하지 않고, 억울한 일 겪지 않고 살 수 있다고 부모님들은 생각하시지요.

하지만 글쓰기도 그에 못지않은, 그보다 훨씬 강력하고 의미 있는 보상이 주어져요. 나의 짧은 생애를 사람들에게 전할 수 있어요. 많은 사람들로부터 공감과 지지도 받을 수 있지요. 이 과정을 통해 억대 연봉이나 안정적 직업과는 비교할 수 없는, 삶의 가치를 찾아갈 수 있어요. 그런 걸 성취하는 게 우리 삶의 진정한 목표가 아닐까요? 그러니 좋은 글, 훌륭한 글쓰기는 사회적 보상을 떠나서 개인적으로도 아주 중요한 의미가 있습니다.

그러니 여러분들에게 꼭 권해 드립니다. 글쓰기 공부를 정말 공들여 열심히 하세요. 나중에 자라서 이런 대학에 가야지, 저런 직업을 가져야지 하는 고민만 하지 말고, 글쓰기만큼은 또래 중에 내가 제일 잘 쓴다 말할 정도로 열심히 공부해 봐야지, 하는 목표를 세워 보세요. 좋은 글을 쓰는 것은 좋은 직업을 가지는 것보다 훨씬 어려운 일이에요. 그만큼 도전해 볼 가치가 있습니다.

이른바 명문 대학을 가면 여러분이 원하는 걸 다 이룰 수 있다고 생각하세요? 아닙니다. 그렇지 않습니다. 대학을 졸업해도 이유를 알 수 없는 또 다른 경쟁에 내몰릴 겁니다. 그런데 글을 잘 쓰면 여러분이 원하는 대부분의 것을 이룰 수 있습니다. 정말입니다. 출세하고 싶어요? 행복해지고 싶나요? 가치 있는 삶을 살고 싶나요? 돈을 많이 벌고 싶나요? 무엇을 원하건 글을 잘 쓰면, 그 모든 게 가능해집니다. 정말이라니까요. (웃음)

그럼 어떻게 하면 좋은 글을 쓸 수 있을까요. 그건 좀 어려운 문제입니다. 글쓰기는 평생 갈고 닦아야 하는 공부라고 말씀드렸는데, 처음부터 단박에 글을 잘 쓸 수는 없습니다. 제가 이 자리에서 여러분께 5분 동안 시간을 줄 테니 200자 원고지 5매 분량의 자기소개서를 써 보라고 하면, 즐겁게 그걸 써 내려가는 사람이 몇 명이나 될까요? 글쓰기를 좋아하는 사람이 많지 않아요. 대부분 부담스러워합니다. 게다가 다른 글도 아니고 '자기소개서'라니. 하지만 지금 자리에서 일어나 자기소개를 하면서 인사하라고 하면 상황은 달라질 겁니다. 처음엔 쑥스럽다가도 분위기가 무르익으면 자연스레 말문이 터지게 되지요.

말은 글보다 쉽습니다. 상대방 반응을 보아 가면서 조절할 수도 있고요. 심지어 거짓말을 하기도 쉽습니다. 말은 금방 잊혀지니까요. 여러분 중에 친구가 했던 거짓말을 기억하는 사람 있습니까? 심각한 경우가 아니면 금세 기억에서 지워집니다. 게다가 그게 참말인지 거짓말인지 알 수 없는 경우도 많아요. 확인할 길이 없잖아요. 말은 녹음해 두지 않는 이상 기록에 남지 않습니다. 기록에 남지 않은 말은 즉시 사라집니다. 그래서 말하는 사람도 쉽게 말합니다.

또한 말은 장소의 제한을 받습니다. 여러분이 아무리 말을 잘해도 그 말을 들을 수 있는 사람은 제한적입니다. 가족, 친구 등 지금 이곳에 함께 있는 사람에게만 그 말을 전할 수 있지요. 나의 마음, 감정, 느낌, 생각 등을 더 많은 사람에게 알리려면 말이라는 수단만으로는 부족해요.

글은 말의 한계를 뛰어넘습니다. 시간과 공간의 제약을 받지 않습니다. 불특정 다수에게 자신의 생각과 감정을 전할 수 있어요. 글은 불멸의 미디어입니다. 그래서 사람들은, 글쓰기를 어렵게 여기면서도, 글쓰기를 열망하지요. 찰나에 묶인 내 삶을 보다 많은 사람에게 시공간을 넘어 남기고 싶어 하지요. 좋은 글은 세월이 흐를수록 빛납니다. 세계적인 문학 작품이 주는 감동은 동서양을 가리지 않아요. 옛날 사람들이 그토록 책을 귀하게 여겼던 것도 바로 그런 이유 때문입니다. 바로 그런 이유 때문에 글쓰기를 공부한다는 것은 '불멸의 공부'입니다.

여러분 가운데 이런 의문을 품을 사람이 있을지도 모르겠네요. 요즘 같은 영상의 시대에 고리타분하게 글을 읽을 사람이 누가 있겠는가? 어느 정도 맞는 이야기입니다. 인터넷의 등장 이후, 세상은 영상과 이미지 중심으로 급속히 변화하고 있습니다. 실제로 글보다 이미지가 더 직관적인 힘을 갖고 있지요.

그런데 이렇게 한번 생각해 보세요. 영상과 이미지의 바탕을 이루는 것은 무엇일까요? 예컨대 좋은 영화를 만들고 싶은 영화감독이 가장 먼저 하는 일은 무엇일까요? 바로 글을 찾아 읽고 쓰는 것입니다. 좋은 시나리오를 찾고 마음에 드는 시나리오가 없으면 직접 쓰기도 합니다. 훌륭한 영화감독이 되려면 글쓰기 능력을 갖추고 있어야 합니다. 우리는 그 결과물인 영화를 '이미지' 또는 '영상'으로 들여다보는 겁니다.

이렇게 생각해 볼 수도 있습니다. 여러분의 또래 친구들 대부분 영상에 익숙합니다. 그러나 영상을 통해 느끼고 생각한 것을 글로 풀어 설명하는 능력은 또래 친구들 대부분 부족합니다. 그런데 누군가 탁월한 글쓰기 능력을 갖고 있다면? 자신의 생각을 잘 정돈하여 표현하는 능력을 갖추고 있다면? 바로 그 사람을 인재로 평가하고 대우할 것입니다.

그래도 잘 수긍이 되지 않는다면, 이런 모습을 상상해 보세요. 어른이 됐습니다. 직장에 처음 출근했습니다. 함께 입사한 신입 사원들이 각자 능력을 선보입니다. 누군가 영어를 잘한다고 자랑합니다. 또 다른 누군가는 춤을 잘 춘다고 합니다. 이제 여러분 차례입니다. 천천히 앞으로 나아가 말합니다. "저는 글을 좀 씁니다. 그동안 책을 몇 권 썼습니다." 그 순간 분위기, '올 킬'이에요. (웃음)

물론 다른 사람보다 멋져 보이려고 글쓰기를 하는 것은 아닙니다. 그건 부수적인 거예요. 글쓰기는 기본적으로 자기와 대면하는 작업이거든요. 글을 통해 스스로 발전하는 겁니다. 그게 글쓰기의 가장 좋은 점이에요.

"차라리 정부 없는 신문이 낫다"

그런 점에서 글쓰기는 태어날 때부터 우리 모두가 가지는 권리이기도 합니다. 아무도 막을 수 없어요. 나와 대면하고 대화하고 성찰하고 표현하는 일을 누가 어떻게 막습니까? 이것을 일컬어 '표현의 자유'라고 합니다.

제가 그다지 좋아하는 나라는 아닙니다만 '미국'이라는 나라가 인류 문명에 기여한 게 하나 있습니다. 바로 '표현의 자유'를 제도의 수준, 상식의 수준으로 끌어올린 것이지요. 얼마 전, 미국의 어느 전직 농구 선수가 북한에 갔어요. 세계의 수많은 나라 가운데 미국이 가장 싫어하고 적대시하는 서너 곳의 나라가 있습니다. 이란, 쿠바, 그리고 북한입니다. 그런데 미국은 북한과 국가 차원에서는 그토록 적대적이지만, 이 나라를 개인이 방문하는 것을 금지하지는 않지요. 그건 개인의 자유에 해당한다고 보는 것입니다.

그런데 이 전직 농구 선수가 북한에 가서는 북한 최고 지도자, 3대 세습으로 악명이 높고 독재자라 비난받으며 심지어 미국을 향해 군사적 행위도 서슴지 않는 그 지도자의 생일을 축하한다며 노래를 불렀어요. 만일 한국 사람이 북한에 가서, 물론 한국 정부는 개인 자격으로도 북한을 방문하는 것을 허용하지 않지만, 이런 짓을 했다면 당장 언론에 대서특필되고, 그 사람을 귀국하는 즉시 국정원이 체포하여 감옥에 가두겠지요?

미국에선 그런 일이 없었어요. 물론 그 전직 농구 선수의 언행을 두고 말들이 많았지만, 그건 순전히 개인의 '표현의 자유'의 문제라는 것이지요. 그의 방북을 막지도, 그 언행을 법으로 처벌하지도, 귀국 직후 붙잡아 조사하지도 않았어요. 지금도 미국 사회에서는 '표현의 자유'를 불가침의 성역으로 여기는 것입니다.

왜 그럴까요? 그들이 미국이라는 나라를 만든 이유가 바로 '표현의 자유'를 지키기 위해서였기 때문이지요. 표현의 자유는 생각의 자유, 즉 양심의 자유와 연관돼 있습니다. 유럽에서 종교의 박해, 즉 양심과 신념을 박해당하고, 그것을 자유롭게 표현하는 일을 금지당한 사람들이 유럽을 떠나 신대륙으로 건너와 세운 나라가 미국입니다. 각자의 생각과 양심에 따라 거리낌 없이 자유롭게 말하고 글을 써서 다른 이에게 표현할 수 있는 나라를 만들자고 의기투합해서 만든 나라입니다.

그 나라를 만든 사람들은 그 원칙을 헌법에 적었어요. 그런데 제일 처음 헌법을 만들 때의 관심사는 '강력한 권력'이 탄생하는 걸 막는 데 있었지요. 공동체의 운영을 위해 정부를 구성하긴 해야겠는데, 그렇다고 정부에게 양심과 표현의 자유를 제압할 수 있는 권능을 부여하긴 싫었던 것이지요. 우리의 표현의 자유를 지킬 대표를 민주적으로 뽑자. 대신 그 사람들이 언제 변심해서 자유를 탄압할지 모르니, 안전장치를 만들자. 그래서 '삼권 분립'을 정교하게 구성해서 헌법에 담았어요. 행정부는 입법부를, 입법부는 사법부를, 사법부는 다시 행정부를 견제하게 만들었지요. 이렇게 하면 권력이 분산되어 '혼자서 함부로' 시민의 기본권, 즉 표현의 자유를 가로막는 일을 방지할 수 있을 거라 생각했어요.

그래서 미국 건국의 아버지 가운데 한 명이자 3대 대통령을 지낸 토머스 제퍼슨이란 사람은 "신문이 없는 정부와 정부가 없는 신문 중에서 하나를 선택하라고 한다면, 나는 정부 없는 신문을 택하겠다"는 말까지 남겼어요. 이상한 이야기지요? 대통령까지 지낸 정치인이면서도 정부보다 언론을 더 중시한 거잖아요? 한국의 정치인들, 특히 대통령은 걸핏하면 언론을 탄압하고 표현의 자유를 통제하는데 말이지요.

미국이라는 나라의 근본이 바로 표현의 자유를 보장하는 것이니 그걸 탄압하고 제약할 바에는 아예 정부를 세우지 않는 게 낫다고 제퍼슨은 생각한 것입니다.

그런데 이런 헌법을 만들어 놓고도 제퍼슨 등 미국 건국의 주역들은 안심하지 못했어요. 그래서 애초에 만들었던 헌법 아래에 '수정 헌법'이라는 것을 다시 덧붙여 만들었어요. 모두 10개 조항을 만들었는데, 그 1조의 내용은 이렇습니다.

"의회는 국교, 종교를 함부로 정하거나 특정한 종교 행위를 금지하는 법을 정해서는 안 되고, 국회는 언론 출판의 자유, 또는 평화적으로 집회를 할 수 있는 권리와 고충 처리를 위해 정부에 청원할 수 있는 권리를 제한하는 법을 제정해서는 안 된다."

쉽게 말해 종교, 언론, 출판, 집회의 자유를 침해하지 말라는 것이지요. 그런데 더 중요한 것은 이어지는 헌법 2조입니다.

"잘 규율된 민병대(Militia)는 자유로운 주(州)의 안보에 필수적이므로 무기를 소장하고 휴대하는 사람들의 권리는 침해될 수 없다."

1조에서 우리는 모두 표현의 자유를 갖고 있고 누구도 그걸 침해해서는 안 된다고 하고서는 다음 2조에서 우리 모두 총을 가질 수 있고 군대를 만들 수 있다고 해 놨어요. 논리적으로 따지면, 국가가 표현의 자유를 억압할 때는 뜻을 모아 총을 들고 군대를 조직해서 싸울 수 있다는 겁니다. 무섭죠? (웃음)

그다음, 3조를 봅시다.

"군대는 주인의 허가 없이 어떠한 민간인의 집에도 거처할 수 없으며, 전쟁이 나도 법으로 정해 놓은 곳을 제외하면 거처할 수 없다."

1조와 2조에 뒤이어 3조를 설명하면 이런 뜻입니다. 우리는 표현의 자유를 위해 나라를 세웠다. 그 나라가 표현의 자유를 침해해서는 안 된다. 혹시 침범하면 총을 들고 싸우겠다. 그런데 그걸 진압하려고, 표현의 자유를 위해 총을 들고 봉기한 사람들을 국가 권력이 진압하려고 군대를 보낸다 해도, 개개인의 집에는 들어올 수 없다는 뜻입니다. 자유를 침해하는 정부에 맞서 정당하게 싸울 수 있고 그런 싸움을 벌일 경우엔 체포당하지 않을 수 있다는 권리를 헌법에 이렇게 명시한 거예요.

나머지 4~9조까지 이런 내용으로 채워져 있어요. 그리고 맨 마지막 10조에 이렇게 썼어요.

"본 헌법에 따라 미국 연방에 위임되지 아니했거나, 등기되지 아니한 권한은 각 주(州)나 개인이 보유한다."

그러니까, 수정 헌법을 만든 사람의 뜻은 '혹시 내가 바쁘고 정신이 없어서 헌법에 미리 밝히지 못한 권한이 있더라도, 그 권한은 시민인 나에게 주어진 것이지 정부나 국가, 너희 마음대로 정한 권한이 아니야'라고 못 박아 둔 거지요.

이게 1789년 미국인들이 만든 수정 헌법의 핵심입니다. 200년이 훨씬 더 된 거예요. 정부건 뭐건 개인의 사상을 마음껏 표현할 자유를 침해할 수 없다는 생각이 확고했어요. 그들의 헌법에는 이를 보장하고자 노심초사했던 흔적이 역력합니다.

이런 정신은 미국의 교육에도 그대로 반영되어 있어요. 표현의 자유가 중요하다, 인간은 표현의 자유를 누리기 위해 태어났다, 그 자유를 증진시키는 게 교육의 목표다. 따라서 표현의 자유를 만끽하는 방법을 가르치자. 이런 정신이 교육 과정의 기초를 이룹니다.

예컨대 미국에서는 초등학생 때부터 가장 중요한 숙제는 글쓰기입니다. 어떤 것을 보았고 겪었고 느꼈는지 쓰고 발표하고 토론하게 합니다. 가슴 아팠던 일, 화났던 일, 고민했던 일 등을 글로 써서 친구들 앞에서 발표합니다. 자기 생각을 여러 사람 앞에서 발표하는 것, 즉 자기표현이야말로 민주 시민의 소양 중 하나라고 생각하는 거예요. 자유와 권리는 표현하고 실천하고 다듬어 볼수록 더 커지거든요. 근육과 똑같아요. 쓰면 쓸수록 발달합니다.

너는 지금 무엇을 생각하고 있니? 너는 이것에 대해서 어떻게 생각하니? 무엇을 느끼니? 그걸 글로 한번 써 봐. 네 언어로 한번 표현해 봐. 그게 네 인생의 목적이야. 선생님들이, 어른들이 이렇게 가르치는 거예요.

그런데 우리는 어떤가요. 우리도 말하기와 글쓰기를 배우지요. 그렇지만 그건 진짜 내 생각과 감정을 다른 사람에게 전하고 공유하고 토론하기 위한 것이 아니라, 국어 과목에서 시험 성적을 높이는 하나의 수단으로 여겨지고 있지 않나요? 여러분은 정말 내 안에서 우러나오는 진심과 진실을 담아 말하고 글을 쓰나요?

지금까지 여러분이 배워 온 것, 배운 방식이 다 쓸모없다는 얘기를 하고자 하는 건 아닙니다. 다만 자신의 경험, 감정, 생각을 표현하는 것이 우리의 삶에 있어 매우 중요한 능력이라는 거예요. 학교에서 가르쳐 주지 않으면 스스로 익혀야 합니다. 그렇게 가르쳐 주지 않았다고 교과 과정을 탓하고 있지만 말고, 지금부터라도 배우고 공부해야 합니다. 그래야 여러분 각자의 삶이 더 풍요로워질 테니까요.

내 인생에 도움이 되는 글쓰기

자, 그럼 글쓰기는 어떻게 해야 할까요? 어떻게 하면 글을 잘 쓸 수 있을까요, 아니 최소한 내 인생에 도움이 되는 글쓰기를 할 수 있을까요?

우선 말씀드리고 싶은 것은 '자아 성찰'입니다. 나를 표현하려면 나를 알아야 하잖아요? 자기를 돌아보는 작업을 해야 해요. 이걸 연습하는 데는 일기가 가장 좋습니다. 매일 밤 하루를 정리하면서 나의 느낌과 감상을 솔직하게 적으세요.

근데 일기 쓰기가 쉽지는 않죠? 매일매일 적어야 한다는 강박 때문에 쉽게 포기하기도 하고, 엄마 아빠가 몰래 보면 어쩌나 걱정도 되지요. 이럴 때는 짧은 시를 써 보는 것도 좋아요. 훌륭한 시인들만 시를 쓸 수 있는 건 아닙니다. 시는 누구나 각자의 방식으로 쓰면 돼요. 매일 쓰지 않아도 좋아요. 일주일에 한 번 정도 내 느낌, 생각, 경험을 있는 그대로 짧고 간명하게 적어 보는 거죠. 시를 쓰면, 엄마 아빠가 몰래 들여다볼까 걱정하지 않아도 돼요. 누군가 좋아하게 된 감정을 시로 썼다고 생각해 보세요. 그걸 엄마 아빠가 몰래 봤어요. 그래도 상관없어요. "엄마, 여기 등장하는 '님'은 여학생을 말하는 게 아니야. 이건 나라, 민족, 우리 모두를 말하는 거지. 이건 일기가 아니라 시란 말이야, 시." 이렇게 말하면 되잖아요? (웃음)

중요한 것은 남을 의식하지 않고, 남한테 보여 줄 목적을 갖지 않고, 오직 나하고 대화하는 글쓰기를 꾸준히 하는 겁니다. 저도 중학교 2학년 때부터 줄곧 시를 썼어요. 그때 우연히 만난 여학생에게 한눈에 반했습니다. 어떻게든 제 마음을 글로 표현하고 싶었지요. 그때부터 한 달에 적어도 한 편, 많으면 일주일에 두 편씩 시를 썼어요. 처음에는 사랑의 감정을 적었지만, 나중에는 제가 겪은 일, 느낀 감정, 어떤 생각 등을 적었어요. 그렇게 신문사에 입사할 때까지 10년 동안 혼자 시를 썼어요. 그때의 습작 노트가 아직도 있습니다. 가끔 보는데 아주 오그라들어요. (웃음) 하지만 그때 쓴 시를 보면서 "안수찬, 너는 그때 이렇게 느꼈구나. 이래서 힘들었구나. 이래서 기뻤구나." 돌아보면서, 더 깊게 나 자신을 확인할 수 있어요.

시 쓰는 거 어려운 거 아니에요. 여러분 쓰고 싶은 대로 쓰면 돼요. 시가 막막하게 느껴지면, 동네 책방에 가서 시집을 하나 골라 읽어 보세요. 자연스럽게 시상이 떠올라요. 그걸 여러분 방식으로 표현하면 돼요. 절대로 잘 쓰려고 애쓸 필요 없습니다. 시를 쓴다는 것은 '나를 들여다보는' 글쓰기이고 그래서 강력하게 권해 드리는 겁니다.

참고로 제가 시를 얼마나 못 쓰는지 알려 드릴까요. 대학 졸업할 무렵이 되니 그동안 써 온 시가 꽤 쌓였어요. 갑자기 어딘가에 응모하고 싶어졌습니다. 그래서 다니던 학교 문예상에 그중 제일 마음에 드는 것을 모아서 투고했습니다. 그런데 결과는? 네, 낙선이에요. 당선은커녕 본심에도 못 올랐습니다. 그래도 저는 후회가 없습니다. 왜냐하면 그때 쓴 시들은 제 청춘의 기록이니까요. 그것만으로도 의미가 있다고 생각해요.

글은 자기를 담는 그릇입니다. 자신을 표현하려면 자신을 정확하고 담담하고 깊게 들여다보는 힘이 있어야 해요. 그러지 않으면 좋은 글을 쓸 수 없어요. 글을 써야겠는데 막막하고 답답할 때가 있지요? 그건 자신을 더 깊이 들여다보는 힘이 부족하기 때문입니다. 지금부터 여러분 자신하고 대화하는 글을 쓰세요. 이 강좌 끝나고 돌아가서 당장 시를 써 보세요.

그런데 여기서 주의할 게 있어요. 혼자 곰곰이 생각해도 내 생각이 뭔지 잘 모를 때가 있어요. 진심은 마음 깊은 곳에 숨어 있을 때가 있거든요. '내 마음 나도 몰라.' 같은 노래 가사도 있잖아요. 그래서 몇 번 고민하다가 그냥 떠오르는 대로 씁니다. 하지만 쓰고 나서도 뭔가 찜찜하고 이게 정말 내 생각인가, 혹시 어딘가에서 들은 얘긴 아닌가 싶을 때가 있어요.

그럴 땐 다른 사람의 도움이 필요합니다. 대화를 통한 도움입니다. 앞서 말하기의 한계에 대해 말했는데, 이 대목에서, 즉 글쓰기를 자극하는 영감을 제공한다는 점에서 말하기가 도움이 될 때가 있어요. 누군가와 대화하다 보면, 때로 그게 토론으로 번지기도 하지만, 내 생각과 느낌이 정돈되고 나도 몰랐던 내 생각과 느낌의 정체를 더 또렷하게 알게 되는 일이 생깁니다.

그래서 어른들은 심리 상담이라는 걸 해요. 점을 보거나 굿을 하는 것도 비슷한 일이지요. 대화하면서, 다른 사람과 교감하면서, 자신의 상태를 더 정확히 파악하게 된다는 점에서 상담, 고해, 굿, 점 등은 모두 비슷해요. 혼자 생각에 잠겨 있는 동안에는 스스로에 대해서 잘 몰라요. 나를 내놓고 관찰해야 합니다. 내 안에 갇히지 않고 밖에서 나를 보는 겁니다.

이걸 연습하는 데는 편지글도 좋습니다. 편지는 상대가 있잖아요. 받아 보는 사람을 떠올리며 씁니다. 훨씬 쉽게 자신의 진짜 마음을 찾을 수 있습니다. 예컨대 어머님이 군대 간 아들에게 이런 편지를 써요. "아들아, 잘 지내니? 고생은 하지 않니? 춥지? 배고프지는 않고?"

그런데 옛날 어머님들은 제대로 교육을 받지 못한 분들이 많습니다. 글쓰기 교육 같은 건 받아 본 적도 없고, 책을 많이 읽는 분이 아니시죠. 그런 분들이 밤새도록 눈물을 흘리면서 편지를 씁니다. 지나간 인생을 생각하면서 이 무뚝뚝한 아들이 엄마인 자신의 심정을 조금이나마 이해해 주기를 바라면서 글을 쓸 거예요.

오랫동안 다니던 직장에서 해고된 한 아버지가 있습니다. 이분은 회사 측의 일방적인 해고에 세상이 무너지는 듯합니다. 당장 가족들을 어떻게 먹여 살려야 할지 앞길이 막막합니다. 그래서 밤새 도록 편지를 써서 사내 게시판에 붙입니다. 누구라도 내 마음을 알아 줬으면 하는 절박한 심정이에요. 이런 글에는 그 어떤 기교도 담겨 있지 않습니다. 내 안에 있는 것을 끄집어내서 토해 놓는 심정으로 글을 씁니다. 그런 글은 사람들의 마음을 움직입니다. 편지를 쓴다는 건, 이런 걸 스스로 연습하는 거지요.

방금 소개한 두 사례, 즉 군대 간 아들에게, 나를 해고한 사장에게 보내는 편지의 공통점이 있습니다. 누가 쓰라 마라 시킨 적이 없고, 내 안에서 뜨거운 게 용솟음쳐서 울컥하면서 써 내려간다는 점입니다.

사람이 살다 보면 글을 쓰고 싶어질 때가 있습니다. 누군가와 이별했을 때, 가까운 사람이 죽었을 때, 일이 잘 풀리지 않을 때……. 내 안에서 뭔가 뜨거운 것이 치밀어 오릅니다. 누구나 몇 번쯤은 그런 순간을 경험하게 돼요. 그때 펜을 들면 되는 겁니다.

글을 잘 쓰는 사람은 어떤 사람일까요? 이런 감정, 내 안에서 뜨거운 것이 치밀어 오르는 감정을 수시로 겪는 사람입니다. 보통 사람들은 평생을 가 봐야 두어 번 정도, 실연당하거나 지인을 잃었을 때에나 그런 감정을 느끼지만, 글을 잘 쓰는 사람은 하루에도 몇 번씩 글을 쓰지 않으면 견딜 수 없는 상태를 경험합니다.

그런 일이 어떻게 가능할까요? 그들은 다른 사람의 일을 자신의 일인 것처럼 받아들입니다. 이웃의 누군가 슬퍼할 때, 그 슬픔을 자신의 슬픔으로 여기는 거지요. 내 일처럼 힘들어하고 내 일처럼 기뻐하죠. 우리는 이런 걸 '감수성이 예민하다'고 표현합니다.

여러분, 제가 이 자리에서 여러분께 글쓰기를 강조하는 이유는 바로 여러분의 시기가 감수성이 한창 예민할 때이기 때문입니다. 세상 모든 일이 여러분의 글에 담길 수 있어요. 좋은 글을 쓰고, 세상을 바꾸고, 그렇게 훌륭한 길을 가는 것은 좋은 대학을 가고 좋은 직장을 가져야 가능한 것이 아닙니다. 나 자신의 내면에 귀 기울이고 이웃의 삶에 눈을 돌리면 좋은 글을 쓸 수 있어요. 세상을 느낄 수 있는 감수성이 충만한 시기에 시작한 글쓰기는 나이가 들어도 좋을 글을 쓰게 만드는 원동력이 됩니다.

공감의 글쓰기

여기서 좋은 글의 조건이 또 하나 등장하죠? 바로 내가 아닌 다른 사람, 즉 우리가 살아가는 사회에 대한 관심입니다. 자아 성찰만으로는 부족합니다. 혼자 면벽 수도를 하는 것만으로는 좋은 글을 쓸 수 없다는 얘기입니다. 자기 세계에 갇힌 글, 내 생각만 고집하는 글은 공감하기 어렵잖아요. 내가 사는 곳, 함께하는 사람들의 삶을 살펴야 해요. 그래야, 많은 사람이 공감하는 훌륭한 글을 쓸 수 있습니다. 글쓰기가 인권과 이어지는 지점이에요.

자, 그럼 우리가 사는 곳이 어떤 곳인지 한번 살펴볼까요? 여러분 한국 사회는 지금 어떻습니까? 한국은 어떤 곳입니까?

혹시 세계에서 총기 사고가 가장 자주 일어나는 곳이 어딘 줄 아세요? 미국이라고 말씀하시는 분들이 많은데요. 실제로는 브라질입니다. 이 나라에서는 1년에 인구 10만 명당 19~20명이 총에 맞아 죽습니다. 브라질 인구가 2억에 가까우니 1년에 3만 7000명 정도가 그렇게 죽습니다. 거의 전쟁 수준인 거죠. 그래서 브라질이 월드컵 개최국으로 선정되었을 때 해외 언론에서는 과연 브라질이 안전하게 월드컵을 치를 수 있을지 의문을 제기하기도 했습니다.

그런데 이런 총기 사고가 브라질 전역에서 마구잡이로 일어나는 건 아닙니다. 주로 빈민촌, 슬럼에서 발생합니다. 브라질에만 슬럼이 있는 것은 아니지요. 세계 대부분의 대도시에 슬럼이 있어요. 해외여행을 갈 때, 관광 가이드가 "이곳에는 가지 말라"고 주의를 주는 곳은 대부분 슬럼입니다. 예컨대 뉴욕, 런던, 파리에도 우범지대가 있어요.

다행히도 한국은 총기 사고가 매우 드문 나라입니다. 총에 맞아 죽는 사람이 거의 없지요. 그런 점에서 우리는 브라질보다 더 좋은 나라일까요? 그런데 한국에선 다른 이유로 사람이 죽습니다. 바로 자살입니다.

한국의 자살률은 OECD 1위(2010년 기준)예요. 인구 10만 명당 31명, 한 해에 1만 5000여 명이 자살합니다. 브라질 사람이 총기 사고로 죽을 확률보다 한국 사람이 자살로 죽을 확률이 높습니다. 브라질의 총기 사고 사망률을 접하면서, 우리는 '어떻게 저런 나라에서 살지?' 하고 의문을 품습니다. 그런데 브라질 사람들이 보기엔 한국이 이상할 겁니다. '걸핏하면 스스로 목숨을 끊을 정도로 삶이 힘든 나라에서 어떻게 살지?' 하고 궁금해 할 겁니다.

한국의 자살은 어디에서 주로 일어날까요? 외국의 총기 사고는 슬럼에서 발생하지만, 한국의 자살은 장소를 따지지 않습니다. 고시원, 반지하방, 옥탑방, 연립주택 전셋집, 도시, 농촌 등 전국 곳곳에 흩어져 있습니다.

여기서 잠깐! 세계 거의 모든 나라에 있는 빈민촌, 즉 슬럼이 왜 한국에는 없을까요? 한국에도 예전엔 '달동네'라 불리는 곳이 있었습니다. 마땅히 살 곳을 찾지 못한 가난한 사람들이 산꼭대기에 판잣집을 지어 놓고 모여 살았지요.

그런데 소위 '재개발'을 하면서 달동네가 모두 사라졌습니다. 1970년대 청계천, 80년대 상계동, 90년대 난곡동이 대표적입니다. 그곳에 모여 살던 가난한 사람들은 재개발에 밀려 여기저기 흩어졌습니다.

때문에 외국처럼 슬럼으로 불릴 만한 곳이 없어요. 좋은 점도 있지만 나쁜 점도 있습니다. 가난한 사람들은 모여 살면서 공동체 의식을 키웁니다. 서로 싸우고 다투면서도 '우애'가 있어요. 서로가 서로를 지탱해 주는 역할을 하지요. 때로 슬럼은 세상을 바꾸는 진원지 역할을 합니다. 역사적으로 대부분의 혁명이 시작된 곳이 슬럼이었어요.

슬럼에 사는 가난한 사람이 있습니다. 배가 고픕니다. 이웃의 빵을 훔칩니다. 훔치다가 상대를 죽이기도 합니다. 그러다가 어차피 굶주리기는 매한가지인 이웃과 대화합니다. "우리끼리 왜 이러고 있지? 이러지 말고 부자들, 귀족들의 빵을 뺏어 오자." 또 다른 가난한 사람이 끼어듭니다. "왜 강도짓을 해야 해? 그냥 부자들의 빵을 나눠 가질 수 있도록 나라를 바꾸자." 그게 혁명입니다. 슬럼의 에너지가 불평등한 세상을 바꾼 것을 인류의 역사는 기억하고 있습니다.

그런데 한국에서는 그런 일이 불가능해요. 가난한 사람들이 뿔뿔이 흩어져서 한 사람 한 사람 고립되어 살아갑니다. 아까 말씀드린 곳, 자살이 빈번하게 일어나는 곳이 바로 그런 분들이 사는 곳이에요.

제가 고시원을 취재한 적이 있는데, 거기서 노년의 어느 남자 분을 만났습니다. 혼자서 지내는데 주말마다 아내가 찾아와요. 경제 사정이 나빠져 그렇게 떨어져 지낼 수밖에 없는 상황입니다. 일주일 내내 별로 하는 일 없이, 혼자 좁은 방에 누워 지내다가, 토요일이면 아내와 만나 고시원 한켠에 있는, 부엌이라고 할 수도 없는 작은 식탁에 앉아서 근처 김밥집에서 사온 김밥과 어묵 국물을 함께 먹는 것, 그게 부부가 만나는 유일한 시간이었어요.

그런데 그 아저씨는 그 고시원에서 그나마 형편이 좋은 경우였습니다. 아무도 찾아오는 이 없이 혼자 지내는 사람들이 더 많았습니다. 그들은 벌집 같은 비좁은 방에서 혼자 지냅니다. 아무도 누구하고도 이야기하지 않아요. 한국의 가난은 고독과 함께 있었습니다.

돈이 없다고 곧바로 사람이 죽는 것은 아닙니다. 하지만 가난은 상처 입은 피부와 같습니다. 어떤 사람들에겐 아무렇지도 않은 일이 가난한 사람에겐 때로 삶과 죽음을 결정해야 할 일로 번집니다. 게다가 외롭고 쓸쓸한 마음은 곧잘 극단적인 선택을 하게 만듭니다. 지금 상태에서 더 나아질 전망은 없고, 이곳에서 벗어날 방법도 없고, 주위에 마음을 나눌 친구도 없으니까, 이 모든 것이 내 잘못인 것 같은데, 어느 날 갑자기 더 이상 이런 외로운 삶조차 지탱하기 힘들게 만드는, 다른 사람의 눈에는 사소한 경제적 압박이지만 이들에겐 도저히 해결해 낼 방법이 없는 압박이 닥쳐오면, 스스로 목숨을 끊는 거예요.

가난한 사람들이 얼마나 많은지 알려 주는 통계 수치 가운데 '빈곤율'이라는 게 있습니다. 중간 소득의 50퍼센트 미만의 수입을 올리면 빈곤층으로 분류됩니다. 통계 수치는 해마다 조금씩 바뀌지만, 한국의 중간 소득은 대략 월 300만 원 정도입니다. 그러니 한 달에 150만 원 미만을 버는 가구에 속해 있으면 빈곤층에 해당하지요. 그런 사람들이 전체 인구의 15~20퍼센트 정도 돼요. 즉 5000만 인구 가운데 700~800만 명이 빈곤층입니다.

그렇게 많은 사람들이 가난합니다. 슬럼이 없다 해서, 가난한 사람들이 떼 지어 모여 사는 빈민가가 없다 해서, 가난한 사람들이 사라진 것이 아닙니다. 눈에 안 보인다고 해서 존재하지 않는 게 아니에요. 아직도 우리 주위에는 가난한 사람들이 많습니다. 다만 우리가 그들을 몰아내는 바람에 각자 흩어져 조용하고 외롭게 지내는 것뿐이지요.

이런 가난을 제대로 직시하지 못하게 된 이유가 있습니다. 여러분들이 공부하고 있는 현장, 즉 한국 사회의 교육이 이런 상황을 만들었습니다.

여러분, '국민 교육 헌장'이라고 혹시 들어 본 적 있어요? 지금은 사라졌지만 제가 초등학생이던 시절에는 모든 학생이 이걸 달달 외워야 했습니다. 못 외우면 선생님께 혼났죠. 1968년, 지금 박근혜 대통령의 아버지인 박정희 대통령이 만들었습니다. 내용이 이래요.

"우리는 민족중흥의 역사적 사명을 띠고 이 땅에 태어났다. (…) 나라의 융성이 나의 발전의 근본임을 깨달아 (…) 스스로 국가 발전에 참여하고 (…) 민족의 슬기를 모아 줄기찬 노력으로 새 역사를 창조하자."

얼핏 보기에 참 좋은 말인 것 같지만, 그 안에는 다른 뜻이 숨어 있어요. 국민 교육 헌장의 핵심은 민족과 나라를 위한 개인의 희생입니다. 요즘도 '애국'을 강조하지요? 그 자체로 나쁜 것은 아닙니다만 이를 강조, 혹은 강요하는 사람들에게는 '의도'가 있습니다. '너희, 학생들이 이 땅에 태어난 이유는 민족중흥이라는 역사적 사명을 다하는 데 있으니, 그 사명에 개인을 헌신하라'고 어릴 적부터 머리와 마음에 박아 두는 거지요.

이런 방식으로 교육의 목표를 선포하고 학생들을 그 방식에 따르도록 강제한 것이 박정희 대통령이 처음은 아닙니다. 유구한 전통이 있습니다. 이른바 '국가주의 교육'이라고 해서 독일 나치, 옛 소련의 스탈린주의자, 일본 제국주의자들도 비슷한 방법을 썼습니다. 국가를 위해 기꺼이, 필요하다면 전쟁터에 나가서라도 목숨을 바칠 젊은이들이 필요했으니까요. 일제의 가미카제 특공대가 그렇게 해서 태어났습니다.

여러분의 부모 세대는 그런 교육을 받으며 자랐습니다.

'나라를 위해서 내가 할 수 있는 일은 뭘까? 나는 커서 어떤 사람이 되어야 하지?' 하는 정말 그런 고민을 하며 살았어요. 그 어린 나이에. (웃음) 그래서 그 시절의 초등학생(당시는 '국민학생'이었습니다만)들 장래 희망 1순위는 대통령이었어요. 민족중흥을 가장 열심히 잘할 수 있으려면 나라의 최고 통치자이자 리더가 되어야 하잖아요. 또는 판검사, 과학자가 되겠다는 친구들도 많았어요. 현실에서 그들은 사리사욕을 채우며 나라를 망치는 경우가 많지만, 원래 그 직업이 하는 일은 국가와 민족을 위해, 즉 공공을 위해 일하는 거지요. 그런 사고방식이 당시 세대의 머릿속에 박혀 있었지요.

그런 교육을 받고 자란 여러분의 부모 세대, 저는 그 세대의 막내뻘입니다만, 그 세대가 나중에 민주화의 주역이 됐어요. 민족중흥을 위해 헌신하는 삶을 살아야겠다고 마음먹었는데, 대학에 들어와서 세상을 제대로 알아보니, 시대와 역사를 위해 필요한 것은 '정부에 충성하는 것'이 아니라 '그 정부를 뒤엎는 것'이라는 걸 알게 된 거죠.

뒤늦게 그 사실을 알게 된 국민 교육 헌장 세대들이 민주, 자유, 평등의 원리를 위해 공부, 직장을 팽개치고 독재 정권과 싸웁니다. 심지어 목숨을 바쳐 가며 분투했지요. 그 결과 민주화가 도래합니다. 많은 사람의 희생으로 얻은 역사적 진보였어요. 국가주의 교육도 이와 함께 사그라집니다.

자, 그리고 새로운 교육 과정이 만들어집니다. 민주화 세대는 국가주의 교육을 대체할 새로운 교육 체계를 만들었습니다. 최초의 문민정부인 김영삼 대통령 시절부터 준비해서 최초의 평화적 정권 교체로 불리는 김대중 대통령의 국민의 정부 시절, '7차 교과 과정'이 확정됐습니다. 이후 2000년도부터 이 체계를 초·중등 교육에 적용했어요. 여러분들이 바로 그 교육을 받고 자란 세대입니다.

이 교육 과정의 핵심은 군사 독재의 잔재, 국가주의 잔재를 청산하는 거였어요. 개인을 국가 시스템에 귀속시키는 것이 아니라 대신 자율성과 창의성과 개성을 교육 목표로 삼았지요. 개성과 창의성을 높이는 것을 교육 목표로 삼은 것에는 잘못이 없지요. 그런데 '무엇을 위해' 각자의 개성을 증진시킬 것인지에 대해, 민주화 세대는 대답을 내놓지 않았어요.

우물쭈물하는 사이에 '국가'의 자리에 새로운 가치가 등장했습니다. 바로 '돈'이지요. 이제 학생들은 더 이상 나라와 민족을 위해 희생하고 싶어 하지 않습니다. 대신 돈 많이 버는 것을 최고의 가치로 꿈꾸게 됐습니다. 법대, 의대와 더불어 경영학과가 인기를 누립니다. 저마다 CEO(최고 경영자)를 꿈꾸지요. 연봉이 얼마인지, 아파트 평수가 어떻게 되는지, 사는 동네가 어디인지 등이 그 사람의 삶을 말해 주는 세상이 되었습니다.

국가주의 교육은 잘못입니다. 그러나 나 혼자만의 삶이 아니라, 내 주변과 이웃, 나아가 공동체 전체를 고민하는 삶이 소중한 것은 사실입니다. 선진국에서는 이를 '민주 시민 교육'이라 부릅니다. 국가에 무조건 충성하자는 게 아니라, 개성과 창의를 가진 자유로운 개별 시민이 함께 더불어 살아가는 공동체를 위해 무엇을 할 것인가를 고민하는 공부를 하는 것이지요. 여러분의 부모 세대는 국가주의와 군사 독재를 몰아내는 데는 성공했지만, 이 세상을 살아가면서 정말 소중하게 여겨야 할 공동체의 가치를 제대로 세우는 데는 실패했습니다.

그래서 우리는 이웃을 살피는 눈을 잃어버렸습니다. 가난한 사람이 얼마나 많은지 신경 쓰지 않게 됐습니다. 그저 나의 대학, 연봉, 직업에 대해서만 고민하게 됐습니다. 남을 살피는 교육을 받아 본 적이 없으니 그런 태도가 잘못이라는 생각도 하지 않습니다. 그 결과, 세상에서 가장 많은 사람들이 스스로 목숨을 끊는 나라가 됐습니다.

그런 세상에서 제아무리 돈을 벌고 좋은 직업을 가진들 과연 행복해질 수 있을까요. 여기 어느 사람이 혼자 외롭게 고통받고 있습니다. 너무 절망스런 나머지 흉기를 들고 제 몸을 찌르려 합니다. 그러다 홀연 마음을 바꿔 그 흉기를 들고 거리로 나가 아무나, 행복해 보이는 누구나를 마구 폭행합니다. 그 사람에겐 자신을 해치는 것이나 남을 해치는 것 사이에 아무런 차이도 없습니다. 어차피 세상은 절망적이고 자신은 죽기로 마음먹었으니 말이지요. 그런 세상에서 정말 우리는 행복하게 잘 지낼 수 있을까요?

자기만의 프레임으로 생각하기

그런 악몽 같은 세상을 막는 방법이 글쓰기입니다. 앞서 글쓰기는 자아를 성찰하는 것, 그리고 주변의 이웃과 교감하는 것이라고 했잖아요. 자기 성찰을 통해 나를 발견하고 나의 진심을 알게 되었다면 이제는 그 시선을 이웃으로 돌려야 합니다. 사람들이 무엇을 느끼고 무엇을 생각하는지 그들의 기쁨과 슬픔을 나의 기쁨과 슬픔으로 느끼고 표현할 수 있어야 해요.

좋은 글을 쓰는 분들은 이웃의 고통을 외면하지 않습니다. 앞서 시를 써 보라고 권했는데, 예컨대 시는 이런 글입니다. 오늘 낮에 분식집에서 라면을 먹었습니다. 라면을 준비하는 아주머니가 무척 피곤해 보입니다. 그 모습을 보고 내 마음에 일렁이는 바가 있어 글로 옮깁니다. 그것이 시입니다. 옆자리에 앉은 학교 친구가 오늘따라 즐거워 보입니다. 오랫동안 떨어져 지낸 부모님과 다시 함께 살 수 있게 되었답니다. 그동안 왜 떨어져 지냈는지, 어떻게 다시 함께 살게 됐는지 물어보고 들어 보니, 나도 모르게 가슴이 따뜻해집니다. 그 감정을 글로 옮깁니다. 그것이 시입니다. 그러다 보면 글쓰기는 어느새 '세상을 담는 그릇'이 됩니다.

제가 방금 글쓰기를 '그릇'에 비유했습니다. 큰 그릇일수록 더 많이 담을 수 있겠지요? 글도 그와 같아서 그릇의 모양과 크기에 따라 그것에 담기는 세상이 달라집니다.

예를 들어 경제 위기 문제를 다루는 기사를 쓴다고 합시다. A라는 기자는 재래시장을 찾아갑니다. 상인들과 인터뷰를 합니다.

"어떠세요, 요즘?"

"장사가 안 돼. 설 대목이라는데 찾아오는 사람도 없어. 팔리는 것도 없고."

이런 내용이 기사에 담기면, 독자는 어떻게 느끼겠습니까. 경기 침체가 서민들의 삶을 어렵게 하고 있구나, 생각하겠지요. 자주 재래시장을 찾아서 어려운 서민들을 도와야겠구나, 생각하겠지요. 그러면 대형 마트를 찾던 사람들이 하나둘씩 시장으로 올 테고, 정부는 재래시장의 환경을 개선하는 사업을 벌이고, 국회는 내수 시장 활성화를 위한 법안을 연구하겠지요.

자, 여기 또 다른 기자 B가 있습니다. B 기자는 대기업 임원을 찾아갑니다. 그들과 인터뷰합니다.

"요즘 경기가 어떻습니까?"

"수출을 못 하고 있습니다. 노조의 파업 때문에 물건을 외국에 팔 수가 없습니다. 한국은 수출을 안 하면 망하는 나라인데, 이래도 되는지 모르겠어요."

이런 내용의 기사를 읽으면, 사람들은 어떻게 생각할까요. 아, 기업이 힘들구나. 경제가 잘되려면 기업이 잘돼야 하니 노동자들 파업 못 하게 해야겠구나, 생각하겠지요. 사람들은 노조를 비난하고, 정부는 노조 파업을 금지하는 정책을 내놓겠지요.

이렇게 글 쓰는 사람의 접근 방식에 따라서 똑같은 현상을 두고도 서로 다른 해결 방안이 나옵니다. 이걸 전문 용어로 '프레임'이라고 해요. 또 한 가지 예를 들어 볼까요?

2009년 서울 한복판 용산에서 큰 사건이 발생했습니다. 바로 '용산 참사'입니다. 용산 4구역 철거 현장에서 세입자들이 농성을 벌이는 와중에 경찰이 강제 진압을 시도하다가 화재가 발생해요. 철거민 다섯 명과 경찰 특공대원 한 명이 사망합니다. 당시 언론을 보면 이 사건을 두고 서로 다른 방식으로 서술합니다.

첫 번째 방식은 '폭력 시위'에 초점을 맞추는 거예요. 누가 먼저 폭력을 행사했는지, 화염병이 왜 거기에 있었는지 등등을 세밀하게 보도했습니다. 이런 보도를 보거나 읽은 사람들은 폭력적인 시위 때문에 희생자가 발생했다고 생각하게 됩니다. 철거민들이 왜 거기에 있었는지, 왜 경찰은 무모하게 진압 작전을 시도했는지는 따지지 않게 되죠.

두 번째 방식은 근본적인 원인을 묻는 겁니다. 재개발의 문제를 들여다봅니다. 원래 재개발은 열악한 거주 환경을 개선하는 사업입니다. 그게 원래 취지입니다. 그런데 우리 사회에서는 이게 큰 돈벌이가 되었어요. 멀쩡한 건물 헐어 버리고 아파트 올려서 비싸게 팔아 막대한 이익을 남기는 거지요. 건설사들 배를 불리는 사업으로 전락합니다. 정작 원래 주민은 입주할 돈이 없어 다른 지역으로 흩어져요.

당시 서울의 도심 대부분은 재개발이 완료된 상태였어요. 그런데 용산의 미군 기지가 빠지자 노른자 땅이 나온 겁니다. 건설업자들은 이걸로 어떻게든 돈을 벌고 싶었겠지요. 부동산 거품이 꺼지기 전에, 이명박 정부 임기 끝나기 전에 빨리 아파트를 지어서 분양하려 합니다. 그런데 세입자들이 버티는 거예요. 계속 시간이 갑니다. 결국 지자체, 중앙 정부, 대기업 건설사, 경찰이 합심해서 농성 현장을 진압했습니다.

지금 이야기한 두 가지 방식의 기사 가운데 거짓으로 보도한 것이 있나요? 두 기사 모두 사실만 다뤘습니다. 폭력이 발생한 것도 사실이고 재개발 정책에 문제가 있는 것도 사실이에요. 하지만 두 기사의 사실을 통해 드러나는 '진실'은 서로 다른 모습을 하고 있습니다. 어떤 진실이 진짜 진실일까요? 공권력을 강화하는 것일까요, 재개발 정책을 바꾸는 것일까요?

더 중요한 문제는 따로 있습니다. 만일 누군가 어느 한쪽의 이야기 방식만 접한다면 어떻게 될까요? 어떤 정부가 위 두 가지 방식 가운데 하나의 이야기만 허용하고 다른 이야기를 금지시킨다면 어떻게 될까요?

조금 과장되게 말하면 현대인들은 이런 힘을 가진 사람, 글쓰기의 힘을 가진 사람들이 만들어 낸 프레임에 의해서 조종당하고 있습니다. 그들이 자기들 입맛에 맞게 세상을 잘라 내고, 쪼개어서 보여 주면 그걸 고스란히 받아들이게 됩니다.

그렇게 글을 쓰는 사람들이 모여 있는 곳이 언론입니다. 나는 똑똑하고 비판적이니까 언론이 함부로 보도해도 거기에 휘둘리지 않는다고 생각하겠지만, 그런 경우는 없습니다. '무엇이 중요한 문제인가'에 대한 여러분의 생각은 언론, 즉 글 쓰는 사람들이 제시하는 몇몇 선택지 가운데 하나로 한정돼 있습니다. 보통 사람들은 그 선택지 바깥의 문제에 대해 생각하지 않습니다.

그 문제에 대한 대안도 마찬가지입니다. 이 문제를 어떻게 풀 것인가에 대한 보통 사람들의 생각은 언론이 제시하는 서너 개의 선택지 가운데 하나로 좁혀져 있습니다. 그 밖에 더 많은 대안이 있을 수 있다고 생각하지 못합니다.

글의 힘은 그렇게 강력합니다. 글이 모인 언론의 힘도 그래서 강력합니다. 글은, 그리고 언론은 우리의 이성은 물론 무의식까지 지배하고 있어요. 강력한 힘을 발휘합니다. 나도 모르게 그렇게 생각하게 된다는 거예요.

힘 있는 자들의 생각에 휘둘리지 않으려면 세상을 보는 나만의 시각을 갖춰야 해요. 비판적으로 볼 수 있어야 합니다. 그런데 '생각을 강요하는 글쓰기'를 비판적으로 보는 방법도 글쓰기에 있습니다. 아까 말했던 시 쓰기에다 이를 적용해 볼까요.

어떤 사건·사고가 일어났어요. 모두들 저마다 생각을 이야기해요. 여러분도 자신의 생각을 정리하고 다듬어 보세요. 그리고 그 생각을 글로 옮겨 보세요. 감정과 느낌에 대해서만 시를 써야 하는 것은 아니에요. 내 생각을 정돈해서 너무 길지 않게 차분하게 글로 옮기면 그게 바로 시가 됩니다. 인터넷으로 자료도 찾아보고 주변 사람들 의견도 묻고 해서 글을 써 보는 거지요.

그런 연습을 하다 보면 독창적이고, 자유롭고 비판적인 생각과 표현 능력을 갖추게 됩니다. 남의 프레임을 빌려 생각하는 게 아니라, 자기만의 프레임으로 생각하는 것. 그런 것이 생기면 세상을 향해 이야기를 시작할 수 있어요. 우리가 존경하는 글쟁이들은 모두 그런 과정을 거쳐 자기만의 독특한 시각을 갖게 된 사람들입니다.

자, 그럼 이제까지 말씀드린 내용을 종합해 볼까요. 여러분, 글을 잘 쓰려면 어떻게 해야 한다고요?

첫째, 자기 성찰을 할 것. 좋은 방법은 시 쓰기. 하루에 한 편, 일주일에 한 편이라도 자기만의 시간을 갖고 내면을 응시하면서 시를 써 보는 겁니다.

둘째, 주변을 돌아보기. 내가 아닌 이웃의 삶에 관심을 가지고 살펴보세요. 그리고 그걸 글로 옮기는 겁니다.

셋째, 나만의 시각으로 글 쓰기. 남들 이야기에 휘둘리지 말고 그렇다고 해서 무작정 반대만 하지도 말고, 나의 입장에서 정리해 보는 거예요. 사회적으로 관심이 쏠린 사건도 좋고 주변에서 일어나는 사소한 일이라도 좋습니다. 거기에 대해 써 보세요.

글쓰기에도 다양한 영역이 있습니다. 말씀드린 바와 같이 시나 소설 같은 문학이 있겠고, 논문처럼 과학적인 분석을 위한 글도 있겠고, 일기처럼 사적인 글도 있겠지요. 사실이나 의견을 알리는 저널리즘 글쓰기도 있습니다. 저는 어떤 글을 쓰든 위의 조건들을 갖추면 좋은 글을 쓸 수 있다고 생각합니다.

사람의 마음을 바꾸는 글쓰기

좋은 글을 쓰려면 어떤 태도와 자세를 가져야 하는지 알게 되었으니 이제 각론으로 들어가 보겠습니다. 이제부터 말씀드릴 내용은 '문장'에 관한 것입니다. 모든 글은 문장으로 이루어집니다. 좋은 글이 되려면 정성 들여 문장을 써 나가야 해요. 하지만 막상 글을 쓰려고 하면 막막할 때가 한두 번이 아닙니다. 써 놓고 나서도 고개를 갸우뚱하게 되지요. 자신이 없습니다. 저 역시 마찬가지였어요. 그래도 오랫동안 기자 생활을 하면서 얻은 경험이 있기에 여러분께 몇 가지 노하우(?)를 알려 드리고자 합니다.

우선 최대한 문장을 짧게 하세요. 이것이 제가 생각하는 글쓰기의 출발입니다. '주어-목적어-서술어'의 기본 단위로 하나의 문장을 끝내야 합니다. 더 줄일 수 없을 때까지 모든 문장을 단문으로 줄여 보세요. 꼭 필요한 거 빼곤 다 지우세요. 버릴 때는 아쉽지만 나중에 보면 훨씬 잘 읽히는 문장이 됩니다. 이러한 '끊어치기'는 만병통치약입니다. 감동적인 연애편지, 괜찮은 소설, 사람들의 뇌리에 기억될 기사를 쓰려면 문장을 짧게 끊어쳐야 합니다.

어려우면 남이 쓴 글을 줄이는 연습부터 해 보세요. 싹둑싹둑 사정없이 잘라 냅니다. 그러고 나면 내용과 상관없이 모든 글이 그럴듯해 보이는 놀라운 경험을 할 수 있을 거예요. 제가 이런 말씀을 드리면 반박하고 싶은 분들이 계실 겁니다. 세상에는 유장하고 화려한 문장으로 좋은 글을 쓰는 사람들이 있지 않느냐, 그 사람들은 그럼 뭐냐? 그런 글을 쓰는 분들은 말 그대로 이미 글을 잘 쓰는 분들입니다. 인격적으로도 훌륭해서 뭘 어떻게 써도 인품의 향기를 담아낼 수 있는 사람들이에요. 자신의 자아, 인성과 지성이 그 정도로 훌륭하지 않다고 생각된다면, 그냥 끊어치세요.

짧게 끊어 쓰는 것은 간단하고 빠르게 좋은 글을 쓰는 방법입니다. 그러지 않으면 생각 대신 손가락 가는 대로 글을 쓰게 돼요. 문장이 길어지지요. 글은 장황해지고 애초에 담고자 했던 생각과 느낌은 흩어지고 희미해집니다. 결국 내 뜻과 상관없는 글이 되어 버려요.

문장을 끊어치면, 손가락 대신 생각과 마음이 글을 끌고 갑니다. 내 느낌과 생각에 더 집중할 수 있어요. 뜻했던 바대로 문장을 배치하고 글을 이어 갈 수 있습니다. 읽는 사람도 글쓴이의 세계에 쉽게 몰입할 수 있습니다. 긴 문장은 독자의 시선과 호흡을 방해합니다. 유장하지만 읽히지 않는 글과 담백하여 잘 읽히는 글 가운데 어느 것이 좋겠어요?

문장을 끊어치면, 리듬이 생깁니다. 글을 잘 쓰는 사람들은 고유의 리듬을 갖고 있어요. 그 글만 봐도 쓴 사람이 누군지 알아차릴 수 있죠. 개성이 느껴지거든요. 사실 이러한 리듬은 모든 사람이 가지고 있는 거예요. 여러분에게도 있습니다. 다만 글을 잘 쓰는 사람은 그런 리듬을 자유자재로 끄집어낼 줄 아는 거예요. 끊어치기는 자신에게 내장된 리듬을 발견하고 끄집어내는 데 효과적입니다. 정해진 악보는 없어요. 짧은 문장 몇몇을 이어 붙이면 리듬이 생겨나요. 이를 반복하면 자신만의 리듬을 찾을 수 있지요. 저는 '짧게−짧게−조금 길게−아주 길게−다시 짧게'의 방식으로 씁니다.

글이 풀리지 않으면, 어찌 시작할지 막막하다면, 어떻게 끝

낼지 알 수 없다면, 일단 끊어치세요. 그러면서 리듬을 타는 겁니다.

글을 쓰는 사람은 기본적으로 많은 사람이 읽어 주길 바랍니다. 처음부터 끝까지 찬찬히 말이죠. 하지만 이런 기대는 거의 채워지지 않습니다. 세상 모든 독자는 모든 글을 함부로 성의 없이 읽으니까요. 대충 읽습니다. 여러분이나 저나 마찬가지예요. 남의 글 읽을 때 건성건성 보잖아요. 그러다 뭔가 꽂히는 게 있으면 그때야 진지하게 들여다봅니다.

어떻게 하면 좋을까요? 설명하지 말고 보여 주면 됩니다. 독자에게 상황을 설명하지 말고, 그 상황에 밀어 넣는 겁니다. 그러면 독자는 '남의 글'을 읽는다고 생각하지 않고, 글이 제공하는 시공간을 '내가 경험한다'고 생각하게 됩니다. 글을 읽는 게 아니라, 글 속에 파묻히는 거지요.

주제와 소재만으로는 특별한 글을 쓸 수 없습니다. 대부분 누군가가 한 번쯤은 했던 얘기예요. 태초 이래 인간사의 중요 주제는 무수히 반복되어 왔습니다. 특히 누구든 손쉽게 글을 쓸 수 있는 현대에는 눈에 쌍심지를 켜도 신선한 소재를 찾기 어렵습니다. 특별한 주제와 소재가 아니라 '특별하게 드러내는' 힘이 특별한 글을 만듭니다.

특별한 글을 위해, 설명하지 않고 보여 주는 글을 쓰려면 구체적인 시공간과 인격을 드러내야 합니다. "그는 슬펐다"고 설명하지 말고, "그는 눈물을 흘렸다"고 묘사해야 합니다. 이렇듯 보여 주는 글을 쓰려면 꼼꼼한 관찰이 필요해요. 디테일을 꼼꼼하게 살펴야 꼼꼼하게 보여 주죠. 이는 눈썰미가 아니라 의지·의도·계획에서 옵니다. 예컨대 누군가를 만나 대화할 때, 상대의 말만 받아 적으면 그저 설명하는 글을 쓸 수밖에 없지만, 눈빛·표정·행동·시공간을 함께 적어 두었다가 이를 글에 담으면 '보여 주는' 글을 쓸 수 있습니다. 글을 쓰는 사람은 그런 것들까지 예민하게 감지할 수 있어야 해요.

저는 취재에 나서게 되면 본능적으로 '작은 사물'을 탐색합니다. 인터뷰를 하면, 상대방의 옷과 몸짓, 버릇부터 살피지요. 구체성이 글에 사실감을 더합니다. 독자가 기사에 '빠져드는' 출발점이 되지요.

구체적으로 보여 주는 것이 중요하긴 한데, 모든 걸 보여줄 수는 없습니다. 결국엔 선택이 필요합니다. 글쓴이의 '전략적 판단'이 필요한 지점입니다. 내가 어떤 장면을 선택하는 순간, 다른 장면은 버려집니다. 선택이란 그런 것이니까요. 무엇을 드러낼 것인지 의도해야 합니다. 디테일의 전략적 배치가 기사의 품질을 결정합니다.

수많은 디테일 가운데 무엇을 드러낼 것인가. 고민스러운 일입니다. 그럴 때마다 저는 취재 과정에서 몰입했던 순간을 떠올립니다. 나한테 가장 인상적이었던 장면에서 디테일을 찾아요.

언젠가 70대 고물상을 24시간 따라다니며 취재한 적이 있습니다. 그의 말, 행동, 표정을 샅샅이 살피고 메모했지요. 하지만 그 내용 모두를 기사에 담을 수는 없었습니다. 그런데 겨울 새벽, 어느 연립 주택의 차가운 계단에 앉아 꽁꽁 언 도시락을 먹는 모습이 인상에 남았어요. 그래서 그 순간을 기사에 '전략적으로' 배치했지요.

디테일을 전략적으로 배치하다 보면, 특정 시공간을 '쪼개어 펼치는' 힘도 생깁니다. 찰나의 순간, 한마디의 말, 얼핏 스쳐간 표정 등을 담아내는 거지요. 문학이 여전히 위대한 것은 어떤 매체도 담을 수 없는 섬세한 결을 활자로 표현하기 때문이에요. 독자의 가슴에 무수한 울림을 주기 때문입니다. 영화나 드라마에서는 찾을 수 없는 감동이지요.

모든 글은, 심지어 학술 논문조차도, 근본적으로는 사람에 대한 이야기입니다. 몇 줄짜리 짧은 기사도 사건·사고에 얽힌 어떤 사람에 대한 이야기지요. 사람이 글을 읽는 것은 다른 사람에게 관심이 있기 때문이에요. 남의 일에 관심 없는 사람이 뭐하러 신문을 읽고 TV 뉴스를 보겠습니까? 사람들에게는 남들 사는 얘기, 세상 돌아가는 일을 알고 싶어 하는 욕구가 있어요. 그러니 글에서 인물을 제대로 드러내지 못하면 실패한 글이 됩니다. 지루하고 무슨 말을 하려는 건지 알 수가 없는 글이 되지요.

글로써 인물을 생생하게 전달하는 일은 쉽지 않습니다. 대부분의 기사에서 인물은 '피노키오의 형상으로' 등장합니다. 사람처럼 생겼지만 생기가 없어요. 인물의 다양한 표정이 없습니다. 정보에 집착하다 보니 이름·나이·직업·성별·고향·거주지·소득 등에 집착합니다. 그래야만 그 사람을 알 수 있다고 생각하는 것 같아요.

글에 등장하는 인물에 생명을 불어넣으려면 버릇·표정·취미·태도 등을 밝혀 적어야 합니다. 그러면 독자들은 눈앞에서 그 사람을 직접 만나는 것처럼 느낄 수 있어요. 인물에겐 반드시 성격과 태도가 있지요.

인물을 설명할 때 버릇만 한 것도 없습니다. 버릇은 하루아침에 만들어지지 않거든요. 그 사람이 살아온 삶과 밀접한 관련이 있습니다. 말, 표정, 몸짓, 걸음걸이, 옷차림 등은 그 어떤 것보다 강력하게 그 사람을 설명해요. 그렇게 사소한 버릇 하나 놓치지 않고 세심하게 들여다보면서 그 사람의 '인격'을 보여 주려 노력하면, 독자들도 여러분의 쓴 글에 더 깊이 몰입할 수 있습니다.

그런 눈으로 이웃을 살피다 보면, 탁월한 문장도 건질 수 있습니다. 평범한 사람의 평범한 말 속에는 훌륭한 문장이 숨어 있습니다. 사람의 말에 귀 기울이면 좋은 문장을 구사할 수 있어요.

영구 임대 아파트에 사는 어느 가난한 할아버지를 인터뷰한 적이 있습니다. 그 할아버지에겐 딸이 있었는데 몇 년 전에 그만 세상을 떠났어요. 그런데 그 일을 회고하면서 할아버지가 이렇게 말했어요. "딸을 날려 버렸지." 보통 이럴 때는 "딸이 죽었다"고 하는데, 할아버지는 그렇게 말씀하지 않았어요. 그런데 어떤가요. 할아버지의 그 말이 곧 훌륭한 문장 아닌가요?

어느 가난한 할머니에게 무엇이 힘든지 여쭈었더니 "사는 것도, 죽는 것도 너무 힘들다"고 말했어요. 그 말이 곧 명문이었지요. 그분들은 글쓰기 교육을 받은 적이 없어요. 그러나 그 말에는 삶에 대한 통찰과 애환이 그대로 담겨 있었어요. 이런 문장은 책상머리에 앉아 글을 쓰는 학자·문인에게서 나오지 않아요. 저는 그때 기자로서 행복하다는 생각을 했습니다. 거리와 광장에서 이런 말을 찾아 기록할 수 있으니까요.

그렇게 만난 여러 사람 가운데 어느 '일본군 전쟁 성노예' 피해자 할머니도 있어요. 할머니는 십대의 나이로 일제에 끌려 갔어요. 해방 직후 고국에 돌아왔지만, 가족을 다시 만나기가 두려워 고향을 피해 다녔어요. 경찰과 사귀어 아들을 낳았는데 아이의 아버지는 어디론가 떠났어요. 이후 미군을 상대로 장사하다 둘째 아들을 낳았는데 혼혈이었고, 그 아버지도 다시 사라졌어요. 먹고살려고 어느 부잣집에 들어가 식모살이도 했지요. 다 늙어 홀몸으로 고향으로 내려왔지만 반겨 주는 이는 없고, 버려진 폐가에서 근근이 지내다 굶어 죽기 직전에 주민들에게 발견됐어요. 뒤늦게 '일본군 전쟁 성노예' 피해자라는 사실을 알게 된 주변 사람들이 할머니를 도왔지만, 좋은 날도 잠시, 암 판정을 받고 세상을 떠났어요.

그 할머니의 이야기를 글로 옮겨 적으며 많이 울었습니다. 감정이 북받칠 수밖에 없었으니까요. 하지만 기사는 일부러 담담하게 썼습니다. 불필요한 수식을 줄이고자 형용사와 부사는 최대한 덜어 냈어요. 감정이나 감상을 드러내는 문장도 덜어 냈습니다. 내 감정에 취해서는 좋은 글을 쓸 수 없다고 생각했기 때문입니다.

처음부터 끝까지, 단어부터 문장까지, 철저히 담담하게 써야 한다고 생각했습니다.

누군가 울리고 싶다면 울지 마세요. 웃기고 싶다면 웃지 마세요. 필자가 먼저 감정을 드러내거나, 감정 이입을 부추기는 문장을 쓰면, 독자는 울고 싶다가도 눈물을 거두고, 웃고 싶다가도 미소를 지웁니다.

사람들은 글을 쓸 때 '인상적으로' 시작해서 '그럴듯하게' 매듭을 지으려고 애씁니다. 그런 태도에는 잘못이 없지만, 그 방식에 문제가 있어요. 공연히 수식하는 말로 꾸미게 됩니다. 하지만 이런 것들은 독자의 감정을 부추기는 것과 아무 상관이 없습니다. 오히려 독자들이 감정을 이입하는 데 걸림돌이 되지요. 글을 쓰는 사람은 철저하게 냉담을 유지하는 게 좋습니다.

인상적 도입과 그럴듯한 마무리를 결정짓는 것은 결코 수려한 문장이 아닙니다. 어떻게 시작해야 할지, 또는 어떻게 마무리해야 할지 고민스러울 때 저는 어떤 '장면'을 떠올리려 애씁니다. 이 글이 곧 영화라고 생각하죠. 그러면서 전체 이야기를 상징하는 장면을 떠올립니다. 그리고 그 장면을 검박하고 담담하게 글로 옮깁니다. 검박한 도입과 마무리가 가장 좋습니다. 검박할수록 감동적입니다.

이제 글쓰기의 가장 어려운 대목이 남았습니다. 지금까지 언급한 모든 덕목들, 즉 끊어치면서 리듬을 타고, 디테일을 전략적으로 배치하면서 인물의 성격을 보여 주고, 말 속에서 좋은 문장을 찾아 담담하게 적는다고 해서 곧바로 훌륭한 글이 되는 것은 아니에요. 오히려 이 방식으로 '최악의 글'을 쓸 수도 있습니다. 프레임 때문이에요.

앞서 용산 참사를 다루는 두 개의 프레임을 이야기했지요. 당시 두 종류의 프레임이 경쟁을 벌였습니다. 망루에 누가 올라

갔나, 얼마나 많은 화염병을 준비했나, 누가 화염병을 던졌나 등 사건 현장에 초점을 맞춘 프레임이 있었고요. 이 경우 독자의 관심은 '폭력성'에 맞춰진다고 말씀드렸습니다. 그들이 왜 망루에 올랐는지, 여러 재개발 가운데 하필 왜 용산이 문제가 되었는지를 다룬 언론도 있었습니다. 뒤의 프레임으로 보면 재개발의 전근대성과 폭압성이 드러납니다.

어떤 프레임에 입각하더라도 '사실'을 전달할 수는 있습니다. 그러나 모든 프레임이 좋은 프레임인 것은 아닙니다. 따라서 모든 글이 좋은 글일 수도 없습니다. 사물, 사건, 사람, 사회, 세계의 본질을 더 풍부하고 깊게 드러내는 프레임일수록 더 좋은 프레임입니다. 그런 프레임을 담고 있는 글이 더 좋은 글입니다.

그리고 그런 프레임을 구성하려면 통찰의 힘이 필요합니다. 통찰의 힘은, 사건, 사고, 인물의 본성을 꿰뚫어보는 능력이에요. 그런 능력을 기르려면 노력과 연습이 필요해요. 기왕의 상식을 뒤집어 보고 상식적으로 통용되는 금기를 건드려 보아야 합니다. 여러 분야의 잣대로 교차하여 들여다보아야 합니다.

뒤집어 보고 섞어 보면 전혀 다른 프레임을 형성할 수 있습니다. 우선 반대편의 생각을 대입해 보세요. 누군가 어느 대통령을 칭찬해요. 그 반대편의 입장은 무엇일까요. 비판적 입장에서 보면 대통령은 어떤 사람인가요. 누군가 준법 정신을 말해요. 법학적 관점에서 불법과 탈법을 비판해요. 그럴 때는 철학 또는 정의의 관점에서 살펴보세요. 법을 어기는 게 곧 죄일까요? 세상에는 법을 어겨서 정의를 구현한 사람이 많지 않나요?

이렇게 서로 다른 시각, 다른 분야의 정보, 과거의 여러 사례 등을 섞고 엮으면서, 사건, 사고, 인물의 본질이 무엇인지 끝없이 질문하면서, 이를 담는 효과적이고 정확한 틀이 무엇인지 거듭 궁리할 때, 비로소 프레임이 만들어지는 것입니다.

어느 면에서 프레임은 다시 글쓰기의 본질을 묻는 일입니다. 타자에 대한 감응, 자아에 대한 성찰을 거듭하지 않으면, 사건, 사고, 인물이 나에게 무엇을 의미하는지 알아차릴 수가 없으니까요.

프레임은 자아-타자 교감의 수준을 드러냅니다. 남들이 미처 생각하지 못한 이야기를 번뜩이는 통찰에 바탕을 두고 날카롭게 드러내는 글이 있어요. 그런 글을 쓰는 사람은 오랫동안 자아에 대한 성찰과 타자에 대한 감응을 훈련했을 겁니다.

십수 년 동안 기사를 쓰면서 거듭 확인한 일이 하나 있어요. 독자가 바라는 것은 정보가 아니라 '공감'이라는 겁니다. 때로 독자들은 편파 보도라거나, 정보가 부족하다며 불평하기도 합니다. 하지만 그런 요구에 기계적으로 반응하다 보면 좋은 기사를 쓸 수 없습니다.

독자가 정말 원하는 것은 자신을 이입하여 공감할 수 있는 어떤 타자예요. 바꿔 말하면 독자들은 기자에게 "나의 이웃, 내가 사는 사회, 세계와 공감할 수 있도록 정보를 정돈해 달라"고 요구하는 것이에요. 그동안은 '정보'에 방점을 뒀지요. 하지만 앞으로는 '공감'에 주목해야 합니다.

정답은 없습니다. 다만 저는 프레임을 고민할 때, 취재할 때, 기사를 쓸 때, 최대한 몰입합니다. 나중에 돌아보면, 몰입한 만큼 독자들이 공감했어요. 예술 정신보다는 장인 정신에 가깝습니다.

훌륭한 글은 사람의 마음을 움직입니다. 그렇게 세상을 바꾸는 데 기여하지요. 여러분도 그런 글을 쓸 수 있기를 바랍니다.

청춘의 진짜 공부는 토론과 글쓰기이다

청소년: 주변 사람들이 좋은 글을 베껴 쓰는 것이 글쓰기에 도움이 된다고 하는데, 혹시 글쓰기에 도움이 되는 다른 방법을 알고 계신 지요.

안수찬: 책을 많이 읽는 것이 좋아요. 하지만 책 전체를 이해하려고 애쓸 필요는 없어요. 편하게 읽다가 마음에 드는 대목이 나오면 그 부분에 집중하세요. 좋은 책인데 내가 이해 못 하는 건 아닐까 속상해하지 마세요. 대신 중요하다고 생각되는 것은 꼭 기록해 두세요. 독서 일기를 만들어 두는 것도 좋은 방법입니다. 읽은 날짜, 핵심 내용, 나를 사로잡은 문장 등을 기록하는 겁니다. 나에게 울림을 주지 못하는 대목을 외워 봐야 소용이 없습니다. 바보 같은 짓입니다. 그런 건 지식이 되지 않습니다. 그런데 나에게 울림을 주는 대목을 접하고도 그걸 메모하지 않고 글로 옮겨 적지 않는 것 역시 바보 같은 짓입니다. 지식이 눈앞에서 반짝이는데 그냥 놓아 버리는 일입니다.

'필사'라는 것도 마찬가지입니다. 모두 베끼지 말고 마음에 드는 부분, 감동적인 부분만 따로 정리하세요. 사람이 책을 한 권 읽었을 때 그 내용을 다 기억하는 것이 아닙니다. 마음에 남는 것은 언제나 그중 일부분이에요. 핵심을 자기 것으로 만드세요.

청소년: 사회 현상을 제대로 이해하려면 성향이 다른 두 가지 신문을 함께 보는 게 좋겠다고 생각했습니다. 그런데 이 말은 어느 쪽도 진실을 말하는 게 아니라는 얘기가 되잖아요. 어떻게 해야 사회를 보는 올바른 눈을 가질 수 있을까요?

안수찬: 제가 드린 말씀 중에 '프레임'이라는 게 있었지요. '성향

이 다르다'는 말은 아마도 한국 사회를 보는 프레임이 각기 다른 언론사를 말씀하시는 것 같습니다. 이 사람 말 들어 보면 이렇고 또 저 사람 말을 들어 보면 저렇고, 그렇다면 과연 진실은 무엇일까, 고민이 될 수도 있어요.

우리가 여기서 생각해 봐야 할 것은 '공정성'이라는 개념입니다. 시각은 달라도 공정해야 하잖아요. 편파적이어서는 안 됩니다. 비슷한 말로 '중립성'이 있지만, 이건 의미가 조금 다릅니다. 영어로 'neutrality'라고 하죠. 이건 판단이 없는 상태를 말합니다. 중립 지대에 선다는 것은 현실적으로 불가능해요. 어떤 언론사가 아무런 판단도 없이 기사를 씁니까. 하지만 공정성은 달라요. 우리는 기사를 통해 적극적으로 공정성을 추구할 수 있습니다. 다른 말로 '정의'라고 할 수 있겠죠.

기사를 읽을 때 무엇이 올바른가, 무엇이 우리 모두를 위해서 좋은 것인가를 염두에 두어야 합니다. 프레임이 다른 글을 읽는 것은 매우 중요해요. 다만, 그 상태에서 머물지 않고 나 스스로 판단을 해야 해요. A가 더 공정한 것 같다거나, 이번 경우에는 B가 좀 더 정의에 가깝다거나, 생각하면서 자기 프레임을 만들어 나가야 합니다. 기계적 중립성은 가능하지도 않고 의미도 없습니다.

청소년: 언론에서 사실을 왜곡하는 경우가 많은데 그게 어떻게 가능한지, 이유는 무엇인지 알고 싶습니다.

안수찬: 우리나라 언론은 광고 의존도가 높습니다. 언론사도 기업이에요. 직원들에게 월급도 줘야 하고 여기저기 투자도 해야 합니다. 그런데 그 돈이 광고주에게서 나오다 보니 눈치를 볼 수밖에 없는 거예요. 재벌 비판 기사가 빠지는 경우가 종종 있지요? 바로 그런 이유 때문입니다. 기자가 현장에서 취재해 온 기사는 편집국을

거칩니다. '편집'이라는 말이 뭐예요. 기사 가치를 따져 어떤 걸 1면에 낼지, 어떤 걸 빼고 어떤 걸 넣을지 결정하는 겁니다. 이때 외부의 압력이 작용해요. 사회적으로 힘 있는 사람, 혹은 세력들이 자기들 입맛에 맞지 않는 기사가 나가려는 걸 어떻게든 막으려 합니다. 여기에는 한국 언론의 소유 구조도 한몫합니다. 개인이 언론을 소유하고 있어요. 〈한겨레〉 같은 경우는 예외입니다만, 조선·중앙·동아 같은 언론사는 모두가 개인이 소유하고 있습니다. 족벌 언론이라고 하지요. 사주가 아들, 손자한테 소유권을 물려줍니다. 방송사는 어떤가요? KBS, MBC 같은 공영 방송은 사실상 정권이 사장을 임명합니다. 이런 구조에서 사주와 정권의 눈치를 보지 않을 수가 없는 거죠.

우리나라의 언론 환경은 열악합니다. 기자 개인이 공정하고 훌륭한 기사를 내보내고 싶어도, 이를 막아서는 장애물이 많지요. 크게는 정치권력이 개입하고, 수시로 경제 권력이 훼방을 놓고, 언론사 내부의 간부들도 이를 부추깁니다.

그래서 말인데요, 참 언론을 꿈꾼다면, 언론사를 직접 만드는 꿈을 꾸는 게 어떨까 싶어요. 좋은 언론, 좋은 기자를 찾다가 그저 불평만 하지 말고, 직접 언론사를 차리는 겁니다. 얼마든지 가능하고, 진정으로 훌륭한 꿈이라고 생각합니다. 스티브 잡스나 빌게이츠 같은 인물을 우리가 왜 주목하는 걸까요? 그들이 돈을 많이 벌었기 때문은 아닐 겁니다. 그들이 꿈꾸었던 세상이 있고, 그 세상에 기여하고 싶은 자신만의 구상이 있었는데, 그걸 기성 조직이나 기업에 들어가서 구현하려 들지 않고, 작고 소박하지만 끈질기게 자신만의 조직을 만들어 마침내 세상에 전파했기 때문이에요. 바로 그 개척 정신을 존경하는 것이 아닐까요.

그렇다면 언론에 대해서도 마찬가지 아닐까요. 〈한겨레〉도 과거 군사 정권에 의해 해직된 언론인들이 주축이 되어 만들었어요. 〈오마이뉴스〉나 〈프레시안〉도 뜻있는 기자들이 직접 만들었지요. 대안은 많습니다. 대안을 실행에 옮길 용기만 있으면 됩니다.

청소년: 학창 시절에 어떤 책을 주로 읽으셨나요? 그리고 기자 생활을 하면서 만든 자기만의 기사 작성 방식이 있다면 알려 주세요.

안수찬: 중학교 때는 문학을 좋아했어요. 소설, 시를 많이 읽었죠. 이런 말을 하자니 쑥스러운데, 문학을 통해 슬픔을 알게 됐어요. 아, 이 세상에는 슬픔이라는 게 있구나, 하는 느낌이었어요.

그걸 통해 다른 분야의 독서로 옮겨 갔어요. 왜 사람들은 슬플까 고민했지요. 그래서 고등학교 때부터는 사회 과학이나 역사 관련 책을 읽었습니다. 그러면서 정의에 대해 생각했어요. 세상에는 나쁜 사람들이 많았어요. 왜 착한 사람들이 피해를 봐야 할까, 그런 생각을 했습니다. 저는 좋은 사람이 되고 싶었습니다. 그러려면 더 많이 알고 익혀야겠다고 생각했지요. 대학에 들어와서는 가능한 많은 걸 섭렵하고 싶었어요. 철학, 사회학, 정치학, 경제학, 심리학, 가리지 않고 읽었습니다.

이것저것 많이 읽어 보는 게 좋습니다. 다만 읽고 싶은 책을 읽어야 해요. 목적과 열정이 있을 때 독서는 나에게 피와 살이 됩니다. 과시하기 위해, 또는 누군가의 강요 때문에 의무적으로 읽는 책은 절대로 지성도 감성도 살찌우지 못해요.

기사와 관련해서는, 처음 기자가 됐을 때는 특별히 기사를 잘 쓰는 기자가 아니었습니다. 아무리 애써도 사람들이 잘 안 읽었어요. (웃음) 그래서 어떻게 했느냐면 '내러티브 탐사 보도'라는 장르를 공부하고 실행해 봤어요. 나만의 방식을 개발한 거죠. 기존의 취재 보도 방식에다가 문학적인 형식을 입혔다고 할까요, 좀 더 독자들이 몰입할 수 있게끔 기사 쓰는 방식을 바꿨는데, 부끄럽지만, 지금은 이 장르를 개척한 기자라는 이야기를 간간이 듣습니다.

청소년: 언론이 현실을 왜곡하는 등 제 역할을 못할 때 우리가 할
수 있는 일은 무엇이 있을까요?

안수찬: 우선 현실을 왜곡하는 그 신문, 그 텔레비전 프로를 안 보
는 겁니다. 신문 구독률, 시청률이 떨어지면 광고가 안 붙습니다. 당
연히 수익이 떨어지겠죠? 논조를 바꿀 수밖에 없습니다. 하지만 한
계도 있습니다. 예전 1990년대 후반에 '안티조선 운동'이라고 있었
습니다. 사회에 악영향을 끼치는 〈조선일보〉 보지 말자는 운동이에
요. 시민 단체에서 활발히 추진했었습니다. 그러나 그 신문이 사라
지지 않았지요. 그다지 개선된 것도 없었어요.

그래서 다른 노력이 꼭 필요합니다. 좋은 언론을 키워 주
는 운동입니다. 나쁜 상품을 안 사는 것만으로는 좋은 시장을 만들
수 없습니다. 나쁜 상품을 사지 말자고 주변 사람들을 설득하는 한
편, 이것이 좋은 상품이니 그 상품을 사라고 권해야 합니다.

예컨대 제3세계 아동의 노동을 착취하여 만들어지는 대
기업 브랜드 커피를 마시지 말자는 운동을 벌인다고 칩시다. 그 취
지는 좋지만 이미 대다수의 기호 식품인 커피 소비 자체를 없앨 수
는 없지 않겠어요? 대신 공정 무역을 통해 생산한 커피를 사자고 호
소하는 겁니다. 그러면 나쁜 커피를 몰아낼 수 있어요.

청소년: 기자들은 자기가 좋아하는 부서에서 오래 있을 수 있는지
궁금합니다. 한 가지 더 여쭤 볼 것은, 최근 페이스북이나 트위터 같
은 SNS(소셜 네트워크 서비스)가 활발해지면서 뉴스가 이들을 못 쫓아
간다는 얘기가 있잖아요. SNS를 뉴스에 적극적으로 활용해야 한
다는 얘기도 있는데 여기에 대해 어떻게 생각하시는지요.

안수찬: 한국의 기자들은 부서를 자주 옮겨 다닙니다. 저만 해도 사회부 2년, 스포츠부 2년, 정치부 2년, 이런 식으로 옮겨 다녔어요. 장단점이 있다고 말할 수 있어요. 전문성을 키울 수 없다는 단점이 있는 반면, 사회의 다양한 분야를 두루 경험하면서 식견을 넓힐 수 있지요.

SNS 등 뉴미디어가 등장하면서 기성 언론의 역할이 무엇인지에 대한 고민이 많습니다. 빨리 보도해야 한다는 속보성의 기준으로 보자면, 기성 언론은 인터넷이나 SNS 같은 뉴미디어를 따라갈 수가 없죠. 하지만 언론의 기능이 빠른 보도에만 있는 것이 아닙니다. 심층성이 필요하지요. 어느 사안의 본질에 대해 깊이 집중적으로 취재하여 사람들에게 전하는 노력이 필요합니다. 여기에는 시간과 노력 그리고 돈이 필요합니다. 어느 개인이나 작은 대안 언론이 할 수 있는 작업이 아닙니다. 저는 기성 언론이 이런 역할을 담당해야 한다고 생각합니다.

마지막으로 이 자리를 마치면서 여러분께 당부하고 싶은 게 있습니다. 바로 '토론'입니다. 토론은 글쓰기와 함께 여러분의 지성과 감성을 풍부하게 해 줄 유력한 공부입니다.

저는 중학교 때 독서 토론회를 했던 적이 있습니다. 그때 카뮈의 『이방인』이나 샤르트르의 『벽』 같은 실존주의 소설을 읽었어요. 지금 읽어도 도통 모르겠는 어려운 책들을 말이죠. (웃음) 그런 책을 읽고서는 세 시간, 네 시간씩 친구들과 어울려 떠들었어요. 뭔가 제대로 이해하고 주장했던 건 거의 없었습니다. 그저 친구들한테 지기 싫어서, 같이 앉아 있는 여학생들한테 잘 보이려고 목청을 높였던 거 같아요.

고등학교 때는 참교육을 두고 선후배들과 논쟁했습니다. 그때가 전교조가 막 출범했을 때거든요. 전교조 선생님의 해직을 두고 치열하게 토론했어요. 심하면 언성을 높이다가 북받쳐 울었던 기억도 있습니다.

돌아보면, 실존주의나 참교육이 무엇인지 이해하기엔 당시 저는 너무 어린 나이였습니다. 다만 그때의 열정적인 토론이 주었던 감동을 저는 아직도 기억합니다. 내가 가진 모든 지식을 동원해서 상대방을 설득하고자 달려들었던 그 논쟁들이 저를 성장시키는 데 결정적인 계기가 되었던 거 같아요. 자기 생각을 키우고 이를 다른 사람들과 나누는 자리를 많이 가지시기 바랍니다. 책을 읽고 남들과 토론하고 그렇게 단련된 생각을 글로 옮기는 것, 그것이야말로 청춘의 시절에 반드시 해야 할 진짜 공부입니다.

4강. 철학과 인권

조광제('철학아카데미' 운영위원)

생산력이 높아질수록 인간이 생존을 위해 일하는 시간은 줄어들어야 합니다. 나머지 시간은 좀 더 '인간적인' 활동을 해야 합니다. 여가(향유를 위한 놀이)의 시간이 늘어나야 맞아요. 노동이 생명을 유지하기 위한 수단이라면, 여가는 생명을 향유하는 것입니다. 생산력이 늘어난다는 건 인간이 자연으로부터 더 많이 해방되고 사회적인 삶을 더 많이 영위하게 된다는 것을 의미합니다. 하지만 안타깝게도 여전히 우리는 일에 매여 있어요. 잘 아시겠지만 세계 10대 무역 대국을 눈앞에 둔다는 우리나라 노동 시간은 세계 최고 수준입니다. 도대체 왜 이런 일이 계속되고 있는 걸까요?

안녕하세요, 여러분. 조광제입니다.

여러분, 철학이란 무엇입니까? 쉽게 답할 수는 없지만, 일단 모든 학문의 바탕이라고 할 수 있습니다. 한자로는 '기반(基盤)'이라고 표현할 수 있지요. 오늘날 과학이나 예술 분야의 학문도 사실 철학에서 출발했다고 볼 수 있어요. 역사도 오래되었지요. 그런데 보통 사람들 사이에서는 철학이 현실과 동떨어진 학문이라는 오해가 있는 것 같아요. 그렇지 않습니다. 세계의 근본 원리와 삶의 본질을 다루는 철학이야말로 여러분의 삶과 밀접한 관계에 있습니다.

오늘 인권과 관련하여 몇 가지 말씀을 드릴 텐데요. 철학적 관점에서 들여다보면 인권이 나와 내 이웃의 이야기라는 걸 알게 될 겁니다. 그럼 천천히 인권 이야기를 풀어가 보지요.

인간이란 과연 어떤 존재인가?

'인권'의 첫 글자 '인(人)'은 사람 즉, 인간을 말합니다. 그런데 인권이라고 할 때는 그냥 '사람'이라기보다는 '사람됨'이라고 해석하는 게 자연스럽습니다. '권(權)'자는 '권리'죠. 그러니 붙여서 설명해 보면, 인권이란 '인간됨의 권리' 혹은 '사람됨의 권리'라고 하겠습니다. 여러분 가끔 누군가 나를 공격하거나 모욕했을 때 기분이 어때요? 당연히 화가 나지요? 게다가 아무런 이유도 없이 혹은 부당하게, 예컨대 그저 나이가 어리다는 이유만으로 대뜸 반말로 명령하거나 욕을 했다면 어떨까요? 자존심도 상하고 기분이 무척 좋지 않을 겁니다. 왜 그런지, 이유에 대해 좀 더 깊이 생각해 봅시다. 사람은 누구나 기본적으로 타인으로부터 존중받고자 하는 욕망이 있습니다. 남자든 여자든 나이가 어리든 많든, 사회적 지위가 높든 낮든 상관없이 말이지요. 물론 양반이니 상놈이니 하면서 신분을 따지던 봉건 시대에는 그랬을지 몰라도, 오늘날 그런 식으로 사람을 대하다간 외계인 취급당하기 십상일 거예요.

따라서 누군가 내 의지와 상관없는 이유로, 성별, 나이, 학벌, 배경이나 속한 집단 때문에 차별당했을 때 우리는 부당하다고 생각합니다. 인간이라는 나의 기본적인 정체성이 훼손당한 느낌이 들지요. 아이고 어른이고 다 같은 인간인데 그깟 나이가 무슨 대수길래 상대를 무시하느냐고 말이에요. 화가 납니다. 당연한 반응이에요. 누군가 여러분의 '인권', 즉 여러분의 '인간됨의 권리'를 무시했기 때문입니다.

여기서 우리는 철학적인 질문을 하나 던져야 합니다. 그렇다면 '인간'이란 과연 어떤 존재일까? 철학을 오랫동안 공부해 온 저로서도 답하기가 참으로 어려운 질문입니다.

여러분 인간이란 무엇일까요? 왜 인간은 개나 닭이 아닌 인간이죠? 단순한 질문처럼 보이지만 한없이 복잡하고 어려운 질문입니다. 여러분이 초등학생이었다면 '에이 인간이 인간이지 뭐.' 하고 말았을 겁니다. 하지만 사춘기에 접어들면서 어때요? 한 번쯤 진지하게 고민하게 되는 문제이지요?

인간을 말하려면 먼저 '생명'의 본질에 대해서 생각해야 합니다. 왜냐하면 인간은 인간이기 이전에 동물이요, 더 넓게는 지구에 존재하는 생명체이기 때문입니다. 그런 관점에서 보면 인간 존재에 대한 이해는 생명체에서 시작합니다.

혹시 여러분 생물 시간에 생명체를 이루는 기본 단위에 대해 배우셨어요? 바로 세포입니다. 세포핵이 있고 세포막, 원형질, 미토콘드리아 등으로 이루어져 있지요. 생명체는 박테리아나 바이러스 같은 단세포 생물과 여러 개의 세포로 이루어진 다세포 생물로 나뉩니다. 최초의 생명체는 단세포 생물이었지요. 이것이 진화를 거듭하면서 인간과 같은 고등생물이 된 것입니다. 자, 그런데 이 세포가 하는 일이 무엇이냐 하면 바깥에서부터 영양분을 받아들이는 것입니다. 그러고 나서 이걸 분해합니다. 여러분이 자연에서 얻은 먹을거리를 뱃속에서 소화시키는 것과 같습니다. 생물학에서는 이걸 '분해 대사'라고 합니다. 세포는 이렇게 외부에서 받아들인 영양분을 분해해서 그중 필요한 것들을 재조립합니다. 이런 기능을 '합성 대사'라고 하지요. 우리가 먹은 음식이 피가 되고 살이 되는 것과 같은 거라고 보시면 됩니다.

공장과 비교해 보면 더욱 이해가 잘 되실 겁니다. 원료가 들어오면, 그걸 체로 거르기도 하고 선별하기도 해서 종류별로 나눕니다. 그런 다음에는 여러 원료를 섞어서 제품을 만들지요? 마찬가지로 생명체는 외부의 물질을 분해, 합성해서 에너지를 만듭니다.

제가 지금 팔을 이렇게 움직일 수 있는 이유가 뭐지요?(손으로 원을 그리며) 물론 뇌가 내린 명령에 따라 움직이고 있습니다만,

실제로 일을 하는 것은 팔을 형성하고 있는 근육 세포입니다. 이것들이 수축하고 이완하면서 움직임을 만들 수 있는 것입니다. 근육 세포가 움직이려면 에너지가 필요해요. 제 몸에 이걸 실행시킬 에너지가 없었다면 저는 생각만 할 뿐 결코 손으로 동그라미를 그릴 수가 없습니다. 박테리아 같은 단세포 동물도 마찬가지입니다. 대사 활동을 통해 만들어 낸 에너지로 살아갑니다. 그런데 이 에너지를 만드는 게 바로 세포의 '미토콘드리아'라고 하는 겁니다. 말하자면 세포에서 발전소 역할을 하는 녀석이지요.

에너지는 세포를 수리하는 데도 쓰입니다. 여러분, 물건을 오래 쓰면 어떻게 됩니까? 닳거나 낡아서 제 기능을 발휘하기가 어렵죠? 세포도 마찬가지입니다. 시간이 지나면 노화가 일어납니다. 그래서 이걸 고치는 데 에너지가 쓰입니다. 세포가 자기를 재구성한다는 뜻입니다. 또한 세포의 에너지는 배설에도 사용됩니다. 받아들인 물질 중 쓸모없는 것들을 외부로 내보내는 것이지요. 여러분도 화장실 가잖아요. 외부 물질을 받아들여서 에너지를 생산하고 이를 통해 자기를 재구성하는 것, 그리고 남은 물질을 배출하는 것, 이런 기능들이 생명체의 기본적인 특징입니다.

마치 철학 시간이 아니고 생물 시간 같네요. (웃음) 우리가 인간이라는 생명체를 이해하는 데 필요한 기초 지식이라 생각되어 말씀드렸습니다. 아까 단세포 생물 이야기를 잠시 했습니다만, 인간은 아주 복잡한 다세포 생물입니다. 수조 개의 세포로 이루어져 있지요. 이들 세포는 서로 정보를 주고받으며 복잡하면서도 일사불란하게 움직입니다. 손가락 하나를 움직이는 데에도 뇌에서부터 손끝 모세 혈관까지 수많은 세포가 제 역할과 기능을 수행하는 것입니다. 그 많은 세포가 모여 '나'라는 단일체를 구성하고 있는 것이에요.

경쟁 대신 공존과 공생

세포에는 '막'이라는 것이 있어서 내부와 외부를 구분합니다. 마찬가지로 인간은 '나'와 '나의 외부'로 나뉩니다. '나'는 나의 바깥에서 즉 환경에서 받아들인 물질을 내 몸 내부에서 분해하고 합성하여 에너지를 만듭니다. 그리곤 그 에너지를 통해 생명 활동을 유지하지요. 내 몸의 경계는 곧 나와 내가 아닌 것의 경계이기도 합니다. 당연한 말인데도 어째 아리송하고 어려운 거 같죠? 내가 아닌 것과 구분되는 나 자신, 이걸 한자로 그럴듯하게 '자아(自我)'라고 합니다. 그리고 내가 아닌 다른 사람 즉 '남'은 '타자(他者)'라고 하지요. '자아'와 '타자' 개념은 상대적입니다. 나는 나에게는 '자아'이지만 다른 사람에게는 '타자'가 됩니다. 마찬가지로 다른 '자아'는 나에게 '타자'로 인식되겠지요. 이렇게 말씀드리는 저 역시도 여러분 입장에서는 타자인 셈입니다.

제가 이 말씀을 드리는 이유는, 인간이라는 생명체가 지닌 가장 특별한 점 중 하나가 바로 '사회성'이기 때문입니다. 여러분도 잘 아시다시피 인간은 사회적 동물입니다. 다른 사람들, 즉 타자와 관계 맺지 않고서는 살아갈 수가 없어요.

지금 여러분이 다니는 학교의 친구들, 선생님, 모두 타자입니다. 대한민국이라는 큰 울타리도 나와 타자로 이루어집니다. 시장에서 물건 파는 사람들, 직장 생활하는 부모님들도 여러분과 같은 관계를 맺고 있어요. 나와 내가 아닌 다른 사람, 나와 외부와의 관계 속에서 살아갑니다. 이때 '나'라는 '자아'가 관계를 잘 맺지 못하면 어떻게 됩니까? '자아'가 파괴될 수 있어요.

생명체의 특징 중 하나가 외부에서 물질을 받아들여 내부에서 분해하고 합성하는 것이라고 했지요. 그런데 외부에서 독성이 있는 물질이 들어오면 어떻게 될까요. 독성이 있는 물질은 분해도 합성도 못 합니다. 세포는 망가져 버려요. 물론 이걸 극복하려고 엄청나게 많은 노력을 하겠죠. 여러분 김장할 때 보면 배추를 소금에 절이죠. 이때 어떻게 됩니까? 배추가 축 늘어집니다. 소금을 뿌리면 삼투압 작용이 일어납니다. 세포 안에 있는 원형질이라고 하는 것이 외부로 빨려 나가 버려요. 그러면서 세포는 짜부라집니다. 힘이 없고 쭈글쭈글하지요. 배추의 세포가 소금이라는 물질을 방어하지 못한 겁니다. 배추 세포한테 소금은 그야말로 독성 물질인 것이죠.

사람도 그렇습니다. 누군가, 독성이 강한 것이 여러분의 힘을 쫙 빼 나가면 어떻게 됩니까? 지치고 피곤하죠. 견디기 힘듭니다. 그러면 여러분은 또 생각할 겁니다. '나도 힘을 기르자, 그래서 그 독성을 이겨 내자, 분해해 버리자, 그러면 거꾸로 그게 나의 에너지원이 될 테니.' 하고 말이에요. 내가 강한 사람이 되어서 상대방을 이용할 생각도 하게 됩니다. 만약 모두가 이런 식으로 힘의 우위를 점하고 다른 이를 이용할 생각을 한다면, 사회는 어떻게 되겠습니까? 네, 그야말로 인간이 서로에게 독인 무서운 세상이 되겠지요. 그러지 않으려면 서로 관계를 잘 맺어 나가야 합니다.

그렇다면 자아에게 있어 관계를 잘 맺어 나간다는 것은 뭘까요? 예컨대 친구와 친하게 지내는 것도 관계를 잘 맺었다고 할 수 있겠지요. 친한 친구끼리는 어려울 때 서로 돕습니다. 이때 도와준다는 건 뭘 의미합니까. 비유하자면 상대 세포에 영양분을 공급해 주는 겁니다. 가장 좋은 것은 서로 세포를 살리는 관계가 되는 겁니다. 사람들이 서로 돕는 방식으로 관계를 맺을 수 있다면 정말로 살기 좋은 세상이 될 겁니다. 하지만 현실에선 경쟁이 우선이죠. 내가 다른 세포를 영양분 삼아 나의 힘을 기릅니다. 상대가 먹잇감이 되어 버리는 거예요. 이런 세계에서는 언제든 나도 먹힐 수 있다는 두려움이 상존합니다. 제대로 된 인간성이 길러질 수가 없어요. 그런 세상은 호시탐탐 먹잇감을 노리는 포식 동물들의 세계, 즉 정글과 다를 바가 없습니다.

어떤 사람들은 경쟁이야말로 모든 생명체의 운명이라고까지 말합니다. 적자생존의 논리를 과장한 것이에요. 하지만 과연 그럴까요? 저는 그렇지 않다고 생각합니다. 자연계에는 경쟁 대신 공존과 공생을 택한 생명체들이 많아요. 백번 양보해서 지금 우리가 사는 인간 세상에서 경쟁이 어쩔 수 없다 하더라도, 우리가 의도적으로 줄일 수는 있습니다. 예를 들어 적대적 경쟁을 줄이고 '선의의 경쟁'을 권장한다든지 하는 방식으로 말입니다.

다시 자아와 타자의 이야기로 돌아와서, 지금까지 말씀드린 바와 같이 모든 생명체는 세포로 이루어져 있으며 세포는 막을 통해서 외부 세계와 구분된다고 했습니다. 그리고 이 세포는 외부에서 물질을 받아들여 에너지원을 만든다고 했지요. 인간의 경우 이를 '자아'라고 할 수 있으며 늘 타자와 관계를 맺으며 살아간다고 했고요. '타자'는 '내가 아닌 다른 사람, 다른 대상'을 말한다고 했습니다.

인간의 '자아'는 자신을 스스로 유지하려는 성질을 가집니다. 지금의 상태를 유지하고 싶어 해요. 이것은 비단 인간에만 해당하는 것은 아닌데요, 생명체는 물론 돌, 바다 같은 삼라만상은 기본적으로 현재 상태를 유지하려는 속성이 있습니다. 이걸 철학적으로는 모든 사물은 '자성(自性)' 즉 자기의 성질을 유지하려는 성질이 있다고 표현합니다. 인간의 경우 자성을 유지하려면 필연적으로 다른 사람과 관계를 맺어야 해요. 이것이 바로 '대타성'입니다. 인간은 자성과 대타성이 결합해서 한 사람, 한 사람이 되는 겁니다. 여러분 중에는 친구 관계가 아주 다양한 사람도 있고, 몇 명 안 되는 친구와 어울리는 사람도 있죠. 이 두 친구는 대타성에 차이가 있는 겁니다.

자성과 대타성, 이것은 인간 존재의 두 가지 측면이에요. 둘 중 하나를 간과하면 잘살기 어렵습니다. 아무리 내가 자성을 잘 유지하려고 노력해도, 외부 환경 즉 내가 속한 사회가 병들어 있으면 소용없어요. 외부에서 계속 독성 물질만 들어오는데 어떻게 건강하게 자아를 유지할 수 있습니까. 반대로 환경만 믿고 있다가 스스로 자성을 유지하려는 노력을 기울이지 않으면 어떻게 될까요? 세포에서 에너지도 안 만들고, 합성 대사도 안 합니다. 아무리 좋은 물질들이 외부에서 들어온다 해도 이게 세포에 도움이 됩니까? 아무것도 안 돼요. 스스로 건강한 세포를 만들려면 끊임없는 활동이 뒷받침되어야 합니다. 우리가 좋은 사회, 좋은 나라를 만들고자 노력해야 하지만, 한편 우리 스스로 좋은 사람이 되고자 애써야 해요.

여러분 나이에는 대학 입시가 가장 큰 고민거리일 거예요. 왜 그렇습니까? 좋은 학교를 나와야 취직을 할 거 아닙니까? 그래야 돈을 많이 벌지요. 돈을 많이 벌어야 남들처럼 좋은 아파트와 좋은 차를 소유하며 살 수 있다고, 사람들은 말합니다. 이렇듯 내가 먹고살 일에 집중하는 것, 그것은 '자성'에 해당합니다. 자기의 상태를 좋게 유지하려는 것이지요. 하지만 모두 자기가 먹고사는 일에만 신경을 쓴다면, 남들이야 어떻게 살든 말든 관심이 없다면 어떻게 됩니까? 아까도 말씀드렸지만 내가 아무리 노력해도 세상은 살기 어려워집니다. 인간의 '대타성'이 간과되었기 때문입니다.

우리가 경제학을 배우는 이유는 취직을 잘하기 위해서이기도 하지만, 그 지식으로 우리 사회의 경제에 보탬이 되고자 하기 때문이에요. 다른 학문도 마찬가지입니다. 지금 당장 돈이 안 된다고 인문 사회학을 외면하면 그 사회의 미래는 어둡습니다. 왜냐하면 인문학이야말로 인간의 '대타성'을 연구하는 학문이기 때문입니다. 그래서 우리는 철학을 배우고 사회 과학을 배웁니다. 역사도 그렇습니다. 역사를 배워서 무엇에 쓸까요? 상품으로 만들 수도 없고 수출을 할 수도 없습니다. 앞서 오인영 선생님 강의를 들어서 잘 아시겠지만, 역사는 과거를 통해 현재와 미래를 밝히는 작업이에요. 인간이 과거에서 교훈을 얻을 수 없었다면 지금의 진보는 이루어지지 않았을 겁니다. 역사야말로 우리에게 아주 귀중한 학문이지요.

결론적으로 인간이라는 존재가 유지되려면 자성과 대타성 모두가 중요하다는 말씀을 드리고 싶고요. 인권의 문제도 이런 측면에서 접근할 수 있다고 봅니다.

어떤 사람이 자성에 충실한 나머지 '나는 나다. 다른 사람하고 나는 관계없다.' 이러면 참다운 나를 형성하는 데도 어렵지만 다른 사람의 '인권'을 침해할 가능성이 커집니다. 다시 생명 이야기로 돌아가서 설명해 보도록 하지요.

인권의 두 가지 조건―쾌감과 자유

생명 활동에는 영양 활동과 생식 활동이 있습니다. 앞의 것은 생명체를 유지하고자 에너지원을 외부에서 받아들이는 거고요. 뒤엣것은 자기 유전자를 다음 세대로 전달하는 것입니다. 즉, 자식을 낳는 일이지요.

나무를 볼까요. 봄이 되면 겨우내 시들어 있던 가지에 물이 오릅니다. 그리고 화창한 봄날이 되면 흐드러지게 꽃을 피우지요. 오뉴월이 되면 꽃가루가 날립니다. 바람을 타고 날아다니는 꽃가루는 다른 꽃나무를 찾아갑니다. 그렇게 해서 수정이 되고 열매를 맺습니다. 열매의 씨앗은 짐승들의 배설물을 통해 땅에 떨어집니다. 그 자리에서는 또다시 새로운 나무가 자라게 되겠지요. 세상의 모든 생명체가 각자의 방식으로 생식 활동을 합니다.

여러분도 성인이 되면 짝을 찾겠지요. 우리도 생명이기에 본능적으로 멋진 이성에게 끌립니다. 때가 되면 좋은 사람 만나서 결혼해야지, 하고 생각하지요. 가정을 꾸리고 아이를 낳으면 성심성 의껏 아이를 돌보고 가족들을 부양합니다. 넓게 이해하면 이 모든 활동은 생명이 갖는 종족 보존의 본능에 따른 것들이에요. 생명체에는 본능적으로 나와 닮은 존재를 만들고자 하는 욕구가 있습니다.

영양 활동은 무엇일까요? 나라는 개체를 유지하기 위한 필수 활동입니다. 먹어야 살잖아요. 여러분 하루 세끼 밥 먹지요? 특히 청소년기에는 쉽게 배가 고파요. 열심히 먹습니다. 집에 가자마자 "배고파, 밥 차려 줘." 하지요. 그런데 이 '밥'이라는 게 하늘에서 뚝 떨어지는 게 아닙니다. 밥을 먹으려면 노력을 해야 해요. 한 끼 식사를 하려면 밥을 지을 벼가 있어야 하고요, 반찬에 해당하는 고기, 채소 등을 길러 내야 합니다. 지금은 벌어 온 돈으로 마트에서 사 오지만 예전에는 일일이 씨를 뿌리고 가축을 키워야 했어요.

겉보기에 아무런 일도 하지 않는 것 같은 식물을 볼까요? 이들에겐 햇빛이 에너지원입니다. 광합성 작용을 하잖아요. 그래서 해가 잘 안 드는 땅에 심어진 식물은 어떻게든 양지로 이파리를 내밀려고 애를 씁니다. 이러한 식물의 성격을 '주일성'이라고 합니다. 태양을 향한다는 것이지요. 식물이 자라는 데 필요한 것은 햇빛 말고도 '물'이 있습니다. 땅속에서 뿌리는 물을 향해 계속 뻗어 나갑니다. 우리만큼이나 식물들도 살아남고자 고생을 하는 거예요.

인간은 생존을 위해 '노동'을 합니다. 먹을 것을 마련하고자 농사를 짓지요. 그리고 옷을 만듭니다. 지금이야 공장에서 생산되지만 예전에는 일일이 식물이나 동물에서 실을 뽑아냈어요. 그리곤 그걸로 천을 만들어서 한 벌 한 벌 옷을 만들었지요. 처음에는 먹을 것과 입을 옷으로 충분했지만 갈수록 도구들이 많이 생깁니다. 칼도 만들고 그릇도 만들지요. 가족이나 부족들이 살 집도 만들어야 합니다.

그리고 모든 생명체와 마찬가지로 인간도 자기 생명을 유지하고 자손을 낳고자 하는 본능을 갖고 있습니다. 자연스러운 일입니다. 그런데 이 과정에서도 '자성'에만 충실할 때 문제가 생겨요. 내가 먹고살려고 다른 사람을 착취하는 일이 생겨요. 외국인 노동자들을 고용해서 제대로 월급도 안 주고 일을 시킵니다. 왜 그럴까요? 사장이 원래 나쁜 사람이라서? 돈 때문입니다. 생명체의 본능이라고 생각하면, 사장도 나름대로 '영양 활동'을 하고 있는 겁니다. 다만 '대타성'을 간과하고 있을 뿐인 것이지요. 그 결과 외국인 노동자의 인권은 무시됩니다.

생식 활동에서도 인권 침해는 발생합니다. 인간에게 생식 활동은 쾌감을 제공합니다. 오로지 자식을 낳기 위해서만 하는 것이 아니라는 겁니다. 만약 사람이 오로지 애를 낳을 목적으로 이성을 사귄다면, 지구는 이미 주체하지 못할 정도로 인구가 많아졌을 거예요.

이성과의 만남은 그 자체로 인간에게 쾌감을 줍니다. 이성과의 키스 왜 합니까? 그런다고 애가 생기나요? (웃음) 손은 또 왜 잡죠? 네, 기분이 좋기 때문입니다. 이러한 것들을 통틀어 '성 활동'이라고 부릅니다.

여기서 '쾌감'이라는 부분이 중요합니다. 성(性) 활동뿐만 아니라 인간 생활의 많은 영역에서 '쾌감'은 중요한 부분입니다. 철학자들도 여기에 주목해서 '인간에게 쾌감이란 무엇인가?' 하는 문제에 대해 오랜 시간 논쟁을 벌이기도 했지만, 어렵게 생각할 일이 아니에요. 여러분, 기분 좋을 때 있잖아요? 쾌감을 느끼고 있는 겁니다. 칭찬받으면 기분 좋고 혼나면 화나죠? 인간인 이상 누구나 그렇습니다. 쾌감은 인간이 살아가는 데 중요한 동기가 됩니다.

아까 잠시 얘기했듯 인간이 공부하는 데는 내가 잘 먹고 잘 살자는 욕구도 있지만 한편 쾌감을 느끼고자 하는 측면도 있어요. 남들이 인정해 주니까요. 만약 남들이 무시하는 일을 하면서 돈만 많이 번다면, 글쎄요, 여러분도 한 번쯤은 고민하지 않을까요? 그만큼 '쾌감'은 인간 활동에서 중요한 동기가 됩니다.

인권과도 관련이 있어요. 제가 조금 과장하는 건지도 모르겠습니다만, 인권의 목표는 '쾌감'에 있다고 생각합니다. 사람들이 서로 기분 좋게 해 주면, 인권이 보장되는 겁니다. 반대로 누군가 나를 무시해서 기분이 나쁘다, 이러면 내가 인권을 침해당한 거예요. 그런데 여기서 조심해야 할 게 있습니다. 쾌감은 인권의 필요조건이지 충분조건은 아니라는 거예요. 즉, 기분만 좋게 해 준다고 인권을 보장하는 것은 아니라는 겁니다. 누군가 거짓말로 나를 칭찬했다고 해 봅시다. 순간 나는 기분이 좋습니다. 하지만 그건 나를 존중한 것이 아니기에 인권을 보장한 게 아니에요. 오히려 그 반대지요. 마약도 마찬가지입니다. 감각적으로 나의 기분을 좋게 했을지는 모르지만 약에서 깨면 어때요, 비참한 기분이 듭니다. 결과적으로 인권을 침해한 거예요.

인권을 보장하려면 또 하나의 요소가 필요합니다. 바로 '자유'예요. 나라는 존재가 자유로워야 한다는 것입니다. 나의 생각이 속박당하고 있다면, 또는 신체가 구속되어 있다면 나에게는 인권이 없는 것입니다.

예전 영화이긴 합니다만, 여러분 혹시 〈쇼생크 탈출〉이라는 영화 알아요? (청소년: "네.") 거기에 보면 교도관들의 온갖 박해를 참아 가며 탈출을 도모하는 죄수의 이야기가 나옵니다. 그러다 결국 탈출에 성공하지요. 인권을 무시당하던 한 인간이 오랜 노력 끝에, 자성을 최대한 발휘해서 감옥을 뚫고 나왔어요. 자유롭게 됐습니다. 그 장면을 떠올리면 지금도 막 박수치고 싶어요. 기분이 좋아지지요.

자유는 쾌감을 줍니다. 그러지 못했을 때 인간은 불행하다고 느끼지요. 인간이 자유를 구속당했을 때 때로는 목숨을 걸고 싸우는 이유입니다.

자유란 일차적으로 인신(人身)의 자유로움을 뜻합니다. 그런 의미에서 여기 이 자리에 계신 여러분은 자유롭다고 할 수 있겠죠. 하지만 자유의 의미를 좀 더 따지고 들면 생각만큼 쉽게 얻어지는 것이 아니라는 것을 알 수 있습니다. 여러분은 지금 자유롭습니까? 몇몇 분들은 그렇다고 대답할 수 있겠지만, 그렇지 않다고 느끼시는 분들도 있을 겁니다. 내가 자유롭게 이 강의실에서 원하는 강의를 듣고는 있지만, 예컨대 누군가 강요했다거나, 그 시간에 다른 약속이 있었는데 어쩔 수 없이 파기했다거나 그러면 왠지 부담스럽고 불편할 수 있어요. 자유롭지 않은 거죠.

내가 자유로우려면 여러 가지 조건을 만족해야 합니다. 부분적으로는 자유롭지만 부분적으로는 예속되어 있을 수 있어요. 아마 많은 분이 그런 상태일 겁니다. 예를 들어 봅시다.

여러분 가끔 집 나가고 싶을 때 있죠? 없나요. 다들 모범생인가 봐. (웃음) 한 친구가 있다고 칩시다. 이 친구는 집에서 늘 구박을 받습니다. 애가 하도 말썽을 일으키니까, 어느 날 부모님이 한마디 하십니다. "이럴 거면, 아예 집을 나가라!" 그러자 반항심이 생긴 자식이 큰소리치죠. "나가라면 못 나갈 줄 알아? 흥!" 가뜩이나 화가 난 부모님이 화를 냅니다. "이 녀석 다시는 집에 들어올 생각 마!" 결국 이 친구는 자의 반 타의 반 가출을 하게 됩니다. 속으론 쾌재를 불렀죠. '아! 이제 꿈에 그리던 자유를 찾았구나.' 하고 말입니다. 거리로 나오니 한껏 마음이 부풉니다. PC방에 갈까, 친구 집에 갈까, 즐거운 고민에 한동안 집 생각을 잊게 되지요. 문제는 주머니에 돈도 떨어지고 갈 곳이 없어지면서 생깁니다. 슬슬 겁이 나기 시작해요. 결정적으로 배가 고파 옵니다. 한 끼는 어떻게 해서 대충 해결했는데 생각해 보니 앞으로 계속 스스로 식사를 해결해야 해요. 엎친 데 덮친 격으로 날씨는 왜 이리 추운지……. 결국 이 친구는 가출한 지 채 하루를 못 넘기고 그날 밤 집으로 들어갑니다. 자존심이 한껏 상했지만 그동안 걱정했다는 부모님의 말 한마디에 금세 기분이 풀리지요.

이 친구는 왜 자유를 버리고 다시 자신을 속박하는 집으로 돌아왔을까요? 배가 고파서? 당장 먹고살 길이 막막하니까? 네, 맞습니다. 결국 이 친구가 쟁취한 자유는 불완전한 자유였던 거예요. 이 친구가 정말로 자유로우려면 기본적인 의식주가 해결되어야 합니다. 만약 일자리가 있고 안전한 숙소도 있었다면, 이 친구는 정말 자유로운 삶을 지속할 수 있었을지도 몰라요. 이처럼 '자유'는 '생존'이라는 인간의 기본적인 존재 조건이 보장되었을 때 가능합니다.

여러분 사막 한가운데서 자유로울 수 있습니까? 마음대로 돌아다닐 수는 있지만 얼마 못 가 생명의 위협을 받게 돼요. 그래서 어떤 이들은 완벽한 자유, 절대적인 자유란 인간에게 없다는 말도 해요. 과연 인간이라는 존재가 그 어떤 조건으로부터 구속받지 않는 상태에 있을 수 있을까요? 여러분 돈이 많은 재벌, 힘이 센 대통령은 자유롭습니까? 100퍼센트 그 어떤 것에도 구속받지 않나요? 그렇지 않습니다. 돈과 권력이야말로 사람에게 가장 큰 구속이에요. 불행하게도 많이 소유할수록 더 구속당합니다.

지금까지의 이야기를 정리하면 이렇습니다. 우리가 인권을 보장받으려면 쾌감과 자유가 필요합니다. 그러니 자유로우면서 쾌감을 느낀다면 인권이 지켜지는 상태라고 할 수 있겠지요. 문제는 쾌감과 자유 두 가지 모두 대타성을 고려해야 한다는 것입니다. 나하고 싶은 대로 해서는 안 돼요. 다른 사람과의 관계 속에서 내가 어떻게 자유로워질 것이냐, 내가 어떻게 쾌감을 느낄 것이냐가 중요해지는 겁니다. 내가 자유롭고 싶으면 당연히 남도 그럴 겁니다. 그런데 나 혼자 자유롭자고 다른 사람을 구속하면 되나요? 안 됩니다.

쾌감도 마찬가지입니다. 상대를 무시하거나 깔보면서 자신을 치켜세우는 경우가 있는데요, 그러면 나는 기분 좋을지 몰라도 상대는 자존심이 상할 수 있습니다. 인권을 존중받지 못하는 거죠.

인권에는 자유와 쾌감, 이 두 가지가 꼭 필요합니다. 우리가 타자와의 관계 즉 대타성을 염두에 두고 이것을 함께 키워 나갈 때 좀 더 나은 사회가 올 수 있는 거지요.

사회적 생명을 등한시하고 있지는 않나요?

그럼 이제부터 '자유'에 대해 좀 더 깊이 있는 논의를 해 보겠습니다. 이와 관련하여 철학자 한 사람을 소개하지요. 바로 우리에게 변증법으로 잘 알려진 헤겔입니다.

그는 자신의 철학에서 '인정 투쟁'이라는 개념을 도입했어요. 인정 투쟁이란 무엇이냐, 내가 다른 이들로부터 내 존재를 인정받고자 싸운다는 뜻이에요. 뭘 그렇게까지 하나, 싶지만 잘 생각해 보면 고개가 끄덕여질 겁니다. 여러분도 남들보다 잘했다는 칭찬 받으려고 공부하잖아요. 내가 아무리 좋은 점수를 받아도, 그랬니 하면서 소 닭 보듯 한다면 공부할 맛이 나겠어요?

헤겔은 여기서 한 걸음 더 나아가 '인정'을 자유라고 생각합니다. 예컨대 내가 누군가로부터 인정받는다는 것은 내가 그 누군가로부터 자유롭다는 것이에요. 이해가 갑니까? 헤겔에게 자유란 '나의 모든 생명 활동과 그 에너지를 나 자신의 존재를 실현하는 데로 집중시킬 수 있'는 상태를 뜻합니다. 그 반대편에 있는 것은 '권력'이고요. 권력이란 나의 사회적 생명을 위해 남의 사회적 생명력은 물론이고 남의 자연적 생명력마저 소모할 수 있다는 것을 의미합니다. 헤겔적인 의미에서 자유와 권력은 근본적으로 대립합니다.

우리가 인권을 말할 때 '자유'를 첫 번째 조건으로 꼽은 것도 이와 같은 맥락입니다. 누구나 인권을 누릴 수 있으려면 권력이 생기는 것을 막아야 하는 것이지요. 헤겔이 볼 때 인정 투쟁은 사회적 관계에서 생깁니다.

예를 들어 두 존재가 주체성을 걸고 대립합니다. 이들은 상대방의 자유로운 주체성을 인정하게 되면, 그 상대방이 자신의 자유로운 주체성을 앗아갈 거라고 확신합니다. 그러니 이 두 사람은 목숨을 걸고서 싸움을 하는 것입니다. 이윽고 결정적인 순간이 다가옵니다. 어느 한 쪽이 패배를 직감합니다. 더 싸우다가는 죽을 수도 있다고 생각하지요. 자연적인 생명이 절멸되고 말리라는 위급함을 느낍니다. 그래서 결국 제발 목숨만은 살려 달라고 애걸하게 됩니다. 사회적인 생명(주체성)을 걸고 싸웠지만 결국 자연적인 생명(생존)의 요구에 복종하게 되는 것이에요. 목숨을 건지는 대신 사회적 생명은 타인에게 양도합니다. 이렇게 해서 생겨난 것이 '주인과 노예'라고 헤겔은 설명합니다.

헤겔이 볼 때 자신의 생물학적 생명에 종속된 나머지 자유로운 주체성을 포기하는 자는 노예로 전락하고, 자신의 생명을 넘어서서 자유로운 주체성을 추구하는 자는 주인으로 승격합니다. 여기서 말하는 자유로운 주체성을 향한 투쟁이란 바로 인정 투쟁을 말합니다.

달리 말하면, 주인은 자신의 사회적인 생명이 실현되지 않은 상태에서 자연적인 생명이란 아무런 가치도 없다고 여기는 자입니다. 노예는 그 반대이고요. 이것이 바로 그 유명한 헤겔의 주인과 노예에 관한 논증입니다. 이를 통해 그는 주인 의식과 노예 의식을 구분하고, 이 두 가지 의식이 누구에게나 깃들어 있다고 말합니다.

이것은 헤겔이 고대 노예제 사회가 형성된 역사적인 바탕을 설명하려는 것이지만, 한편으로 현대를 사는 우리에게도 시사하는 바가 큽니다. '사회적인 생명'이라는 개념을 통해 인간 삶의 정체성을 설명하고 있으니까요.

　　여러분은 어떻습니까? 지금 당장 먹고사는 일에 치여서 사회적 생명을 등한시하고 있지는 않은가요? 만약 헤겔이 그런 모습을 보았다면 '자발적인 노예'라며 통탄을 금치 못했을 것입니다. 하지만 지금도 여전히 '사회적 생명'을 중시하는 사람들이 많이 있습니다. 우리가 흔히 '명예'라고 말하는 것도 일종의 '사회적 생명'이라고 할 수 있겠지요. 대의를 위해 자기를 희생하는 사람들도 있습니다. 민주주의를 위해 기꺼이 자신의 목숨을 내놓는 사람들, 사회 봉사를 위해 고통스러운 삶을 마다하지 않는 사람들, 이런 분들이야말로 헤겔이 말한 '사회적 생명'을 쟁취한 분들이라 할 수 있지 않을까요.

　　헤겔에 의하면 우리가 자유로운 주체성을 추구한다고 했을 때, 그것은 개인적인 범주에서 이루어지지 않습니다. 사회의 전반적인 구조 속에서 일어날 수밖에 없지요. 대표적인 것이 바로 인간의 노동입니다. 인간은 노동을 통해 자신의 주체성을 추구합니다. 예로부터 인간은 함께 일하면서 나의 정체성을 찾고 다른 사람으로부터 인정을 받았습니다. 생존을 위한 노동이었으면서 한편으론 자아를 실현하는 수단이었던 것이지요. 하지만 권력이 생기면서부터 노동의 성격은 왜곡되기 시작합니다. 노예제 사회, 봉건제 사회가 도래하면서 권력자가 노동을 통제하게 되지요. 이제 노동은 주체성을 추구하는 수단이 아닌, 다른 사람의 부와 권력을 위한 도구로 전락합니다. 그러다 자본주의가 등장하면서 노동은 상품으로 존재합니다. 이전에는 강제로 일을 시켰지만 이제는 돈을 주고 노동을 사는 사회가 된 것이에요.

　　오늘날 노동은 두 가지로 나뉠 수 있습니다. 하나는 자연적 생명을 바탕으로 하는 육체노동이고 다른 하나가 사회적 생명을 바탕으로 하는 감정 노동입니다. 여러분 최근에 '감정 노동'이라는 말 많이 들어 보셨을 겁니다. 주로 서비스업에 종사하시는 분들이 여기에 해당하지요. 늘 상냥한 웃음으로 대해야 하는 안내원이나 전화 판매원 같은 직종에 계시는 분들이 대표적입니다. 감정 노동자의 경우, 육체적인 노동력뿐만 아니라 자신의 자유로운 주체성을 팔아야 합니다. 육체노동자의 경우, 자신의 노동력을 파는 것이 명시적이고, 자신의 자유로운 주체성을 파는 것은 암시적입니다. 감정 노동자는 그 반대인 거죠. 육체노동자들도 상사에게 잘 보여야 하는 건(감정 노동) 마찬가지지만, 성과만 좋으면 승진도 하고 인정도 받을 수 있지요. 하지만 감정 노동자의 경우 매일 출근 시간을 지켜도(육체노동) 소비자에게 불만이 들어오면 그 순간 해고 대상이 됩니다. 즉, 꼭 그래야 한다는 건 아니지만 그러지 않고서는 그 직업을 유지할 수가 없다는 겁니다.

노동은 인간의 생명 활동 중 하나입니다. 다른 동물과 구별되는 특성이기도 하지요. 그런데 노동이 다른 생명 활동과 다른 것은 쾌감이 없다는 것입니다. 만약 인간이 노동을 하면서 쾌감을 느낀다면 지구 위의 대부분의 사람은 이미 일 중독자가 되어 있을 겁니다. 물론 우리나라 같은 경우 일 중독자들이 많긴 합니다만, 이분들이 정말 일에서 쾌감을 느끼는지는 의문이에요. 즉 좋아서 하는 일이 아니라는 겁니다. 인간의 또 다른 생명 활동인 '성'과 비교해 보면 더 잘 이해가 가실 겁니다. 인간의 성행위는 쾌감을 수반합니다. 그래서 어떤 이들은 자손 증식이라는 원래의 목적에서 쾌감만을 따로 떼어 낸 성행위(이를 '가소적 성'이라고 합니다)를 추구하기도 하지요. 바람둥이들이 바로 그런 예라고 할 수 있을까요. (웃음) 거기에 비하면 노동은 고통입니다. 힘들잖아요. 보람을 느낀다고 해도 막상 일에 매달릴 때는 정신적·육체적 피로에 지칩니다.

그럼 인간에게는 쾌감을 수반하는 성, 고통을 수반하는 노동, 이 양 극단만 존재하는 것일까요? 그렇지 않습니다. 인간의 활동 중에는 힘들지만 쾌감을 주는 '놀이'라는 것이 존재합니다. 어린아이들을 한번 보세요. 놀이터에서 땀을 뻘뻘 흘리면서 그네를 탑니다. 애들끼리 몰려다니며 칼싸움을 해요. 왜 그럴까요? 몸은 힘들어도 '재미'라는 쾌감을 느끼기 때문입니다. 그걸 일이라고 생각하면 재미가 있을까요? 여러분이 친구들과 하는 놀이, 그걸 강제로 해야 한다면 그건 그 순간 '놀이'가 아닌 것이 될 거예요. 인간이 하는 예술 행위도 이와 같습니다. 고통스럽게 만들어 낸 예술 작품은 만든 사람 본인은 물론 이를 감상하는 사람들에게도 쾌감을 줍니다.

이처럼 놀이, 예술 등을 관통하는 공통점은 쾌감입니다. 쾌감을 추구하는 행위를 우리는 '향유'라고 합니다. 향유야말로 인간의 생명을 진정 인간답게 하는 근본 원리라고 할 수 있습니다. 따라서 인권이 생명의 존중이라면 향유야말로 인권의 실질적 내용을 채우는 요소라고 할 수 있는 것이지요.

더불어 함께 즐겨야 인권이 실현된다

쾌감을 추구하는 행위인 향유는 종류와 성격이 다종다양합니다. 그럼에도 향유의 조건을 몇 가지로 정리해 볼 수 있습니다.

첫째로 향유의 기초는 생명 자체의 유지와 강화입니다. 즉 살아 있어야 향유도 가능하다는 겁니다. 죽은 사람이 향유할 수 있는 게 뭐가 있을까요? 물론 이 경우도 충분조건은 아닙니다. 살아 있다고 해서 100퍼센트 삶을 제대로 향유한다고 할 수는 없지요.

둘째로, 의식주의 생활이 풍족해야 합니다. 기본적인 삶의 조건이 충족되어야 한다는 것이지요. 살아 있되, 먹고살 걱정이 없는 상태에서 향유가 가능합니다. 당장 살 일이 걱정인 사람들이 뭔가를 향유하기를 기대하는 건 힘든 일이지요. 그러나 이것만으로도 부족합니다. 다음 조건이 충족되어야 해요.

셋째, 남들이 나의 자유로운 주체성을 인정할 수 있어야 합니다. 내가 살아 있고, 먹고살 만하면서 다른 사람의 인정을 받을 수 있는 상태, 이때 '향유'가 가능하다는 겁니다.

그런데 위의 조건들은 어떻습니까? 배타적이에요. 내가 살아 있어야 합니다. 내가 먹고살 만해야 해요. 나의 생명이고 나의 소유물입니다. 내가 남들에게 인정받는 것은 나의 역량입니다. 일차적으로 내가 잘해야 하는 거예요. 만약 자신의 힘을 과시하면서 남들로부터 인정받으려 한다면 그건 권력의 향유가 됩니다. 주인이 재미삼아 노예를 부리는 경우처럼 말이지요. 아마도 신분제 사회에서 왕이나 영주들이 그런 향유를 누렸겠지요.

그런데 여기서 한 가지 모순이 생깁니다. 어떤 것들은 그러한 배타성 때문에 즐길 수가 없습니다. 쾌감을 위한 성, 놀이, 예술 등이 그래요. 이를 향유하려면 다른 사람과의 관계가 필요합니다. 혼자서 어떻게 짝을 이루나요, 혼자 놀면 재미없죠? 보는 사람 없는 예술 작품은 얼마나 허망합니까. 이들의 향유는 타자와의 관계에서 이루어집니다. 배타성은 오히려 장애물이 되지요. 예컨대 함께 놀면서 자기 좋을 대로만 하면 어때요? 짜증 나지요? 다음부턴 그 친구랑 안 놀아 줍니다.

마찬가지로 '권력'이 끼어들어도 '향유'는 불가능해집니다. 예컨대 '을'이 '갑'의 강요로 어쩔 수 없이 함께 놀아야 한다면 그게 재미있을까요? 놀이라는 행위는 같지만 배타성 유무에 따라 그 의미가 180도 달라지는 거예요. 그래서 배타적일 수 없고 배타적이어서도 안 되는 인간의 향유 행위를 일컬어 '공향유(共享有)'라고 합니다.

공향유야말로 인간만의 특유한 생명 활동입니다. 함께 즐기고 누리는 것, 이것은 배타적인 향유, 특히 권력의 향유와는 크게 대립하는 것입니다. 공향유는 생명을 초월하기 때문입니다. 극단적인 느낌이 들지만 우리는 죽음을 뛰어넘는 사랑, 목숨보다 소중한 예술 작품이라는 말을 듣습니다. 영화나 드라마에서 '죽어도 좋아!'라는 대사를 듣게 되지요. 예술, 학문 또는 종교 등의 경우, 나의 생명을 바쳐 생명 너머의 어떤 의미와 가치를 생산하고자 합니다. 다른 사람들로 하여금, 생명 너머의 생명을 추구하는 데 필요한 의미와 가치를 생산하고자 합니다. 그렇게 해서 근본적으로 자연적·사회적 생명의 연쇄에서 벗어날 수 있도록 인간들을 독려합니다.

이에 우리는 "배타적인 권력을 넘어선 공향유야말로 인권의 최종적인 실현이다"라고 말하게 됩니다. 무슨 뜻입니까? 인간이 배타적인 권력보다 더불어 함께하는 기쁨을 추구할 때 차별 없이 서로 존중하는 세상이 된다는 겁니다. 왠지 고귀하고 숭고한 느낌이 들지요? 인간에게는 이처럼 자기 존재의 배타성을 뛰어넘는 측면이 있습니다. 인간이 마냥 선한 것도, 마냥 악한 것도 아니에요. 이중적인 면이 있는 겁니다.

여러분, 친구를 만나다 보면 그렇잖아요. 얘는 어쩔 땐 참 순수하고 착한데 어쩔 땐 못되게 굽니다. 그때그때 달라요. 왜 그럽니까? 상황이 사람을 그렇게 만들기 때문입니다. 마찬가지로 공향유를 추구하는 인간의 고결한 본성은 여러 사회적 관계들로 인해 억압됩니다. 생존이 우선이었던 원시 시대에는 먹을 것을 두고 부족 간 전쟁이 빈번했지요. 함께 즐길 여력이 없습니다. 노예제 사회, 봉건제 사회에서도 마찬가지예요. 공향유는 소수의 시민 계급이나 귀족들에만 해당하는 '사치'였습니다. 다수에 대한 소수의 배타성이 지배하는 사회였지요.

오늘날 공향유는 자본주의적인 권력관계의 그물에 걸려

있습니다. '돈'이 우선이니까요. 여러분 자본주의의 핵심이 '사유 재산'이라는 것을 잘 알고 계시지요. 내가 '가진 것'이 모든 가치에 우선합니다. 자본주의는 배타적으로 소유하고자 하는 인간의 욕망을 자극합니다. 나눠 써도 될 걸 돈 주고 사게 해요. 여러분 인터넷에서 '공유'라는 말 자주 쓰지요. 좋은 자료 있으면 공유하자고 합니다. 서로 좋은 일이잖아요. 하지만 자본주의 사회는 나눠 쓰는 걸 좋아하지 않습니다. 개별적으로 사서 써야 물건을 많이 팔 수 있으니까요.

자본주의는 각자를 자연적·사회적 생명에만 몰두하도록 합니다. 개인주의가 팽배하지요. 내가 우선입니다. 어떻게든 출세만 하면 사회적으로 인정을 받습니다. 어려서부터 입시 공부에 '올인' 합니다. 대학에 진학한 친구들은 밤새 취업 준비를 하고 어떤 친구들은 일찌감치 취업 전선에 뛰어듭니다. 그러지 않으면 '남보다 뒤처지'기 때문이에요. 이런 상황에서 공향유는 위축될 수밖에 없습니다. 인간을 진정 인간이게끔 하는 근원적인 행위가 그 힘을 잃어가는 것이에요. 참으로 어려운 일입니다. 내가 아닌 다른 사람과 함께 즐거움을 추구하는 일, 말은 쉬운데 인류 역사에서 이런 공향유가 우위를 점했던 적은 애석하게도 없습니다. 그래서 혹자는 인간은 원래 이기적인 유전자를 갖고 있다거나, 세상은 원래 힘센 존재만 살아남기 마련이라는 '사회적 진화론'을 주장합니다. 그럴듯해요. 하지만 그런 주장에는 오류가 있습니다. 인간에게는 배타성만 있는 게 아니거든요. 그것만으로는 행복하게 살 수 없습니다.

인간의 역사에는 공향유가 그 어떤 배타적 쾌감보다 큰 기쁨을 준다는 사실을 아는 사람들이 끊임없이 존재해 왔습니다. 그들은 함께 사랑하고 부를 나누고 예술적 성취를 이루었습니다. "네 이웃을 사랑하라"는 종교적 가르침은 비단 기독교에 해당하는 것만이 아니었지요. 아까 말씀드렸듯이 공향유는 인간이 추구해야 할 어떤 가치이기 이전에 인간의 본성이에요.

우리가 배타적인 향유를 이야기할 때 한 가지 염두에 두어야 할 것이 또 있습니다. 바로 존재의 유한성 즉 '죽음'입니다. 사람은 누구나 죽습니다. 이 명제만큼이나 확실한 게 세상에 또 있을까요? 아무리 많은 부와 높은 명예를 가진 사람도, 그렇지 못한 사람도 '평등하게' 죽습니다. 죽음은 인간뿐만이 아닌 모든 생명체의 숙명이에요. 시간은 우리를 기다려 주지 않습니다. 그 앞에서 '배타적인 향유'란 어떤 의미가 있습니까? 어차피 똑같이 살다가 죽을 운명인데 한 번쯤은 좀 더 의미 있는 삶을 살고 싶다는 생각을 하게 되지 않나요? 가끔 신문이나 방송에서 유언을 통해 전 재산을 사회에 환원한 사람의 이야기가 나오지요? 그들은 왜 그동안 애써 모은 것들을 다른 사람들에게 주려고 하는 걸까요? 더 이상 누릴 수가 없어서일까요? 아니면 뒤늦게나마 함께 즐기고 누리는 것이 얼마나 소중한 것인가를 깨달았기 때문일까요? 죽음은 우리에게 많은 질문을 던집니다.

인권은 값을 따질 수 없다

우리는 인권적 관점에서 자본주의에 대해 좀 더 자세히 알아 둘 필요가 있습니다.

역사가 발전할수록 생산력이 높아져요. 인간은 물질적으로 풍요로워집니다. 석기 시대−청동기 시대−철기 시대를 거치면서 인간의 생산력은 비약적인 발전을 이루었지요. 하지만 그것조자 15세기 무렵 싹트기 시작한 자본주의에 비하자면 매우 미약한 변화에 불과했습니다. 19세기 초 전 세계를 뒤덮은 자본주의는, 카를 마르크스가 말한 것처럼, 겨우 200년 만에 그 이전 인류의 생산 활동을 모두 합친 것보다 훨씬 더 큰 엄청난 생산력을 보여 줍니다. 원시 시대 돌도끼하고 오늘날의 첨단 기계 설비를 비교해 보세요. 이에 더해 다양한 경제적 제도들을 발명해 내지요. 생산의 효율성이 극대화됩니다.

여기서 상식적인 질문을 하나 던지지요. 그럼 인간은 자본주의 이전보다 덜 일하고 있나요? 생산력이 좋아졌다는 것은 이전보다 조금 일해도 더 많은 재화를 생산할 수 있다는 얘기잖아요. 그럼 시간이 남아야 하는데 정말 그렇습니까? 우리가 중세나 원시 시대로 돌아갈 수 없으니 아직 자본주의가 정착되지 않은 지역, 즉 오래전 방식대로 사는 사람들과 비교해 보겠습니다. 우리는 지금, 몽골의 유목민이나 아마존의 밀림 지역에 사는 원시 부족보다 덜 일하나요? 아니죠. 가까운 우리나라 농촌 지역에 사는 분들과 비교해도 도시의 직장인들 역시 못지않게 많은 시간 동안 일을 합니다. 왜 이런 일이 생긴 걸까요?

자본주의의 핵심은 '시장'에 있습니다. 사람을 뽑고 직장을 구하는 일, 물건을 사고 상품을 팔아 돈을 버는 일 등이 모두 시장 안에서 이루어지지요. 그곳의 주인은 '자본'입니다. 돈이 있어야 거래가 되거든요. 그런데 이 돈은 계속해서 몸집을 키워 가는 속성이 있습니다. 자본주의 사회에서 모든 기업은 기본적으로 이윤을 추구합니다. 개인도 마찬가지예요. 돈 안 받고 일하려고 취직하는 사람 있나요? 기업은 더 많은 돈을 벌려고 하고 사람들은 번 돈을 모아 더 큰돈을 벌고자 '투자'합니다. 그러다 보면 결국 '사람'은 빠지고 '돈'만 남아요. 돈이 주인이 됩니다. 여러분 돈 많은 부자는 돈으로부터 자유로울 것 같지요? 그렇지 않습니다. 오히려 고소득층이 더 돈 문제에 민감해요.

문제는 돈 즉, 자본이 시장에서만 주인 행세를 하는 게 아니라는 거예요. 인간의 모든 활동 영역에서 영향력을 발휘합니다. 각종 사회 제도나 법률 등이 자본에 유리한 방향으로 만들어져요.

여러분 "기업 활동하기 좋은 나라"라는 표어 많이 보시죠? 취업이 어렵다 어렵다 하니까, 자본을 유치하자는 심산으로 여기저기에서 법과 제도를 뜯어고칩니다. 이뿐만이 아니에요. 자본주의 사회에서 자본은 관습적이거나 윤리적인 의식과 태도, 심지어 종교·학문·예술 활동 전반에 영향을 미칩니다.

　　　　여러분, 자본주의 사회에서 우리가 일하는 목적이 뭐죠? 네, 바로 돈입니다. 그런데 정작 우리는 돈 자체를 소비합니까? 아니지요. 먹고사는 데 필요한 갖가지 물건들을 얻기 위한 수단이지요. 그럼 반대로 '돈' 즉 자본의 목적은 뭡니까? '자본' 그 자체입니다. 때문에 자본은 무한 증식을 속성으로 해요. 한번 달리기 시작하면 멈출 수가 없습니다.

　　　　생산력이 엄청나게 발전한 자본주의 사회에서 우리가 여전히 일에 매여야 하는 이유도 여기에 있어요. 자본은 계속 증식해 나가려고 노동력을 착취합니다. 일을 더 시켜야 생산성을 올릴 수 있잖아요. 개인들은 자발적으로 노동 시간을 연장합니다. 야근, 휴일 근로, 안 하면 돈을 적게 받으니까요. 자본은 적은 돈으로 많은 일을 시키고자 하고 노동하는 개인은 조금 더 일하더라도 더 많은 돈을 벌고자 합니다.

　　　　컴퓨터 같은 첨단 기술력을 동원하면 일을 조금 덜 해도 되지 않느냐고요? 네, 지금도 그렇게 생각하는 사람들이 있습니다. 과학자들은 자신들의 성과물이 인류에게 안식과 평화를 주리라고 생각했지요. 하지만 누가 주인이라고 했죠? 네, 자본이 주인인 상황에서는 제아무리 기술력이 발달해도 이것이 일하는 사람들의 손을 덜어 주는 방향으로 가지 않아요. 예컨대 어떤 회사에서 최첨단 기계를 한 대 도입합니다. 무려 열 사람 몫을 해낼 만큼 생산력이 좋다고 해서 사장이 특별히 들여온 기계예요. 가격도 아주 비쌉니다. 그랬을 때 아무리 성품이 훌륭한 사장이라고 해도, 열 사람이 빈둥대

도록 두지 않는다는 거예요. 어떻게 할까요? 해고시키려고 하겠지요. 다시 한 번 말씀 드리지만 기업의 목적은 이윤 추구입니다. 자선 사업이 아니에요. 결국 기계 덕분에 열 명은 일자리를 잃습니다. 기술 개발이 오히려 노동자들의 일자리를 빼앗는 결과를 가져와요. 사람이 일할 자리가 점점 줄어들면 노동 시장에 공급이 많아집니다. 당연히 가격은 내려가지요. 기업은, 더 적은 돈을 받고 더 많은 일을 할 준비가 된 사람들을 고릅니다.

생산력이 높아질수록 인간이 생존을 위해 일하는 시간은 줄어들어야 합니다. 나머지 시간은 좀 더 '인간적인' 활동을 해야 합니다. 여가(향유를 위한 놀이)의 시간이 늘어나야 맞아요. 노동이 생명을 유지하기 위한 수단이라면, 여가는 생명을 향유하는 것입니다. 생산력이 늘어난다는 건 인간이 자연으로부터 더 많이 해방되고 사회적인 삶을 더 많이 영위하게 된다는 것을 의미합니다. 하지만 안타깝게도 여전히 우리는 일에 매여 있어요. 잘 아시겠지만 세계 10대 무역 대국을 눈앞에 둔다는 우리나라 노동 시간은 세계 최고 수준입니다. 도대체 왜 이런 일이 계속되고 있는 걸까요?

자본은 철저하게 배타적인 인간의 욕망, 즉 배타적인 생명의 향유를 미끼로 삼습니다. 그렇게 해서 모든 인간의 활동을 그런 배타적인 욕망을 추구하는 데 집중하도록 합니다. 그래야 사람들이 죽어라 일을 하지요. 아파트 평수를 넓혀야 하고 더 좋은 차를 구입해야 합니다. 이 과정에서 사람들은 점점 돈의 노예가 되어가요. 평범하고 성실한 사람이 어느 순간 일 중독자가 되고 모든 가치를 돈으로 따지게 됩니다. 사회적으로는 돈을 많이 가진 사람들이 권력을 행사합니다. 그렇지 못한 대다수는 소외되지요. 무엇보다도 이러한 기형적인 사회 구조에 대해 아무도 이의를 제기하지 않습니다. 오히려 당연하다고 여기게 되지요. 자본주의 사회에서 자본은 역사마저도 자신의 것으로 만들어 버립니다. 자본가 계급이 역사의 주인임을 과시하고, 대다수의 노동자를 주변부로 밀려나게 하지요. 개인들은 자신들의 상황을 어쩔 수 없는 것으로 받아들이고 해고와 빈곤의 불안 속에서 고군분투하게 됩니다. 이런 와중에 공향유를 추구할 여유가 있을까요?

사회와 역사를 빼앗긴 개인은 제대로 된 인권을 누릴 수 없습니다. 공향유는 사회와 역사를 바탕으로 실현·충족되기 때문입니다. 공향유가 없으면 그만큼 인권은 제대로 실현되지 않습니다. 앞서 "배타적인 권력을 넘어선 공향유야말로 인권의 최종적인 실현이다"라고 했던 말 기억하시죠.

그렇다면 방법은 없을까요? 그렇지 않습니다. 상황이 열악할수록 가능성도 열려 있게 마련이에요. 공향유는 개인적인 차원에서 할 수 있는 게 아니라고 했죠. 함께 이뤄야 합니다. 따라서 오늘날 자본주의가 어떻게 사회적 관계에 개입하느냐를 알면 해결책도 마련할 수 있겠지요.

최근 자본주의에 대한 관심이 늘고 있습니다. 경제 위기 때문이기도 합니다만, 과연 자본주의가 인간적인 삶을 보장하는가 하는 의심이 생겼기 때문이에요. 정말 '보이지 않는 손'이 우리 모두를 풍요롭게 해 줄 수 있나? 하는 생각 말이에요. 『국부론』을 쓴 애덤 스미스는 각자 자기 욕망에 충실하다 보면 모두 행복해진다고 했습니다. 나머지는 시장이 알아서 한다는 거예요. 고전적인 자본주의는 기본적으로 그러한 '시장 만능주의'에 기초합니다. 이를 '자유주의' 자본주의라고 하지요.

하지만 시간이 흐를수록 이 '자유주의적' 자본주의의 병폐가 드러납니다. 비약적인 생산력 향상에 기반해서 계속 상품들을 쏟아냈는데 보니까 살 사람이 없어요. 물건이 남아돕니다. 공장이 문을 닫고 실업자가 거리를 메우게 되지요. 바로 '대공황'의 출현입니다. '보이지 않는 손'이 사실은 존재하지 않는 손이었다는 게 증명되지요. 생계가 곤란해진 사람들이 대규모 시위를 일으킵니다. 각 국에서는 대책 마련에 부심하게 되지요.

케인스 같은 경제학자들이 시장의 기능이 불완전하니 정부가 개입해야 한다는 수정주의 이론을 주장합니다. 정부가 시장에 개입해서 이것저것 뜯어고치기 시작하지요. 한편에선 사유 재산을 제한하는 사회주의·공산주의 국가들이 출현했지요. 이런 과정을 거쳐 오늘날 많은 나라에서 부자들에게 세금을 더 많이 걷어 가난한 사람들을 돕는 복지 제도는 이제 상식이 되었습니다. 왜 이런 일이 벌어졌을까요? 사람들이 자본주의의 문제점을 알게 되었기 때문입니다. 그래서 정부가 직접 나서서 시장의 기능을 보완했던 거예요.

지금의 자본주의도 고전적인 의미에서의 자본주의와 거리가 있습니다. 하지만 '수정주의'적 자본주의와도 다릅니다. 요즘은 다시 '시장'의 기능을 강조하는 '신자유주의'라고 하지요. 프리드먼, 하이에크 등 이른바 '시카고학파' 경제학자들이 이론적 토대를 제공했어요. 이들은 그동안 정부가 시장에 개입한 것에 대해 비판적입니다. 오히려 공공 영역을 민영화하거나 규제를 완화하여 시장의 자유 경쟁을 확대해야 한다고 주장했지요. 국제 무역에서도 자유 무역을 활성화해야 한다고 말합니다. 오늘날 TV 뉴스를 통해 자주 나오는 이야기들이지요.

문제는 이들의 사고 속에는 인권이나, 인간 삶의 근원적인 의미 같은 인간적 가치에 대한 개념이 없다는 것이에요. 대신 이러한 가치들이 경제적 가치로 계량화될 수 있다고 믿어요. 누군가 나에게 배려를 해서 얻어지는 기쁨이 있다면 이것도 '얼마치'라고 따질 수 있다는 거예요. 모든 걸 돈으로 따지는 겁니다.

그 안에 '인권'이 들어설 여지는 없습니다. 우리가 신자유주의적 사고가 횡행하는 상황에서 '공향유'와 인권의 가치를 찾으려면 바로 이러한 사고, 물질 만능주의적 사고에서 벗어나야 합니다. '돈이 되지 않는 일'이라고 해서, 손해 보는 일이라고 해서 무의미하다고 생각해서는 안 되는 거예요. 대신 이것이 정말 나와 나의 이웃이 진심으로 나누고 즐길 수 있을 만한 일인지, 누군가에게 기쁨을 줄 수 있는 일인지 따져야 합니다. 어쩌면 인간에게 가장 소중한 것은 '돈이 되지 않는 일'일지도 몰라요.

인권, 선언을 넘어 향유로

그럼 이제 인권의 내용에 대해 구체적으로 살펴볼까요.

1948년에 유엔에서 선포한 〈세계 인권 선언〉 1조는 "모든 사람은 자유로운 존재로 태어났고, 똑같은 존엄과 권리를 가진다. 사람은 이성과 양심을 타고났으므로 서로를 형제애의 정신으로 대해야 한다"라고 되어 있어요.

22조는 "모든 사람은 사회의 구성원으로서 사회보장을 받을 권리가 있다. 또한 모든 사람은, 국가의 자체적인 노력과 국제적인 협력을 통해, 그리고 각 나라가 조직된 방식과 보유한 자원의 형편에 맞춰 자신의 존엄성과 인격의 자유로운 발전에 반드시 필요한 경제적·사회적·문화적 권리를 실현할 자격이 있다"라고 되어 있고요. 지금까지 우리가 나눈 이야기들을 함축적으로 나타낸 표현들입니다. 우리 헌법 1조에도 인권에 대한 개념이 구체적으로 나와 있어요. "모든 국민은 인간으로서의 존엄과 가치를 가지며, 행복을 추구할 권리를 가진다. 국가는 개인이 가지는 불가침의 기본적 인권을 확인하고 이를 보장할 의무를 진다"라고 되어 있지요.

여기서 '기본적 인권'이란 뭘 말하는 걸까요? 여러 가지가 있겠지만 우리 헌법에 나오는 신체·거주·직업 선택·사생활·통신·양심·종교·언론·출판·집회·결사·학문·사상의 자유를 생각해 볼 수 있습니다. 이런 것들이 없으면 인권이 보장되었다고 할 수 없겠지요. 보다 중요한 것은 이러한 것들을 얼마나 실천할 수 있느냐 일 것입니다.

제아무리 최고의 법률인 헌법이라 해도 사람들이 안 지키면 헛일입니다. 실천과 내용 없는 규정은 그저 '선언'일 뿐이에요. 이러한 권리들이 모든 사회 구성원들이 실질적으로 향유할 수 있도록 해야 합니다. 개인들의 노력만으로는 안 됩니다. 국가와 사회적 차원에서 구체적인 제도를 마련하고 실행해야 해요.

마땅히 살 만한 집이 없는 사람, 병원에 갈 돈이 없는 가난한 사람에게 신체의 자유는 무의미합니다. 실직자들에게 직업 선택의 자유는 허울뿐이지요. 언론의 자유가 있다고는 하지만 광고주인 재벌 눈치를 보지 않을 수 없는 게 현실입니다. 따라서 인권과 관련한 조항들이 실질적인 의미를 가지려면 사회와 국가가 인권을 최대한의 수준으로 끌어올리기 위한 의무를 철저히 실행해야 해요. 규정 자체도 적극적이고 구체적이어야 합니다. 대한민국 헌법을 예로 들어 설명해 드리지요.

제31조
① 모든 국민은 능력에 따라 균등하게 교육을 받을 권리를 가진다.
② 모든 국민은 그 보호하는 자녀에게 적어도 초등 교육과 법률이 정하는 교육을 받게 할 의무를 진다.
③ 의무 교육은 무상으로 한다.
④ 교육의 자주성·전문성·정치적 중립성 및 대학의 자율성은 법률이 정하는 바에 의하여 보장된다.
⑤ 국가는 평생 교육을 진흥하여야 한다.
⑥ 학교 교육 및 평생 교육을 포함한 교육 제도와 그 운영, 교육 재

정 및 교원의 지위에 관한 기본적인 사항은 법률로 정한다.

제34조

① 모든 국민은 인간다운 생활을 할 권리를 가진다.

② 국가는 사회 보장·사회 복지의 증진에 노력할 의무를 진다.

③ 국가는 여자의 복지와 권익의 향상을 위하여 노력하여야 한다.

④ 국가는 노인과 청소년의 복지 향상을 위한 정책을 실시할 의무를 진다.

⑤ 신체장애자 및 질병·노령 기타의 사유로 생활 능력이 없는 국민은 법률이 정하는 바에 의하여 국가의 보호를 받는다.

⑥ 국가는 재해를 예방하고 그 위험으로부터 국민을 보호하기 위하여 노력하여야 한다.

제35조

① 모든 국민은 건강하고 쾌적한 환경에서 생활할 권리를 가지며, 국가와 국민은 환경 보전을 위하여 노력하여야 한다.

② 환경권의 내용과 행사에 관하여는 법률로 정한다.

③ 국가는 주택 개발 정책 등을 통하여 모든 국민이 쾌적한 주거 생활을 할 수 있도록 노력하여야 한다.

　　　　　제31조 ①항을 적극적으로 해석해서 이 권리를 국가가 전적으로 책임진다는 것으로 본다면 ②항과 ③항은 "모든 국민은 원하는 바에 따라 그리고 일정한 능력에 따라 국가에서 이루어지는 모든 교육을 받을 수 있으며, 이때 모든 교육은 무상으로 한다"로 바뀌어야 합니다. 그리고 제34조 ①을 적극적으로 해석해서 '인간다운 생활'을 의식주에 관련해서 건강 관리와 유지에 전혀 문제가 없을 뿐만 아니라 예술·문화적인 성과들을 원하는 대로 마음껏 향

유할 수 있는 것으로 해석한다면, ②항은 "국가는 모든 국민들의 사회 보장과 사회 복지를 최대한 강화할 의무를 진다"로 바꾸어야 합니다. 그리고 제35조의 ①항은 "국가는 모든 국민이 건강하고 쾌적한 환경에서 생활할 수 있는 주거 공간과 환경 공간을 마련해야 할 의무를 진다"로 바꾸어야 합니다.

이처럼 '인권'을 적극적으로 해석할 경우, 그야말로 사회 구성원 모두가 〈세계 인권 선언〉 제1조에서 말하고 있듯이 "형제애의 정신을 바탕으로 해서 서로를 대하는" 사회를 형성할 수 있을 것입니다.

예컨대 인간 삶의 기초가 되는 생명권을 봅시다. 인간에게 생명권은 동물과 달리 그저 자연적인 생물학적인 생명권에 한정될 수가 없습니다. 사회적 생명권을 염두에 두어야 해요. 그저 살아 있다고 해서 저 사람의 생명권이 보장되었다고 말할 수 없다는 것입니다. '어떻게 살아 있느냐'를 따져야 해요. 즉, '인간답게' 살아 있어야 한다는 뜻입니다. 생물학적인 생명권이 사회에서 '의료'의 영역에 해당한다면 '사회적인 생명권'은 '교육'에 해당합니다. 사회 생활을 하려면 글을 배워야 해요. 일정 수준의 지식을 갖춰야 직업을 가질 수 있습니다. 이 두 가지 요건이 갖춰져야 진정한 의미에서의 생명권이 보장되었다고 할 수 있어요.

그래서 무상 의료와 무상 교육이 이루어져야 합니다. 그래야 실질적인 인권이 보장됩니다. 돈이 지배하고 경쟁이 지배하는 자본주의 사회에서 쉬운 일이 아니지요. '내가 번 돈을 남을 위해 쓰겠다고? 말도 안 돼!' 하는 배타성과 싸워야 해요. 이러한 노력이야말로 함께 나누고 즐기는 '공향유'의 기초가 됩니다. 이미 그것을 실천하고 있는 나라들도 많아요. 북유럽의 복지 국가들이나 프랑스 같은 나라들이 그렇습니다. 우리도 충분히 가능해요. 우리 사회의 생산력은 그 어느 나라 못지않습니다. 다만 그렇게 해서 일군 부를 함께 나눌 마음만 있으면 되는 거예요. 그럼 이상으로 강의를 마치겠습니다.

청소년: '배타적 소유'에 대해 질문 드리고 싶습니다. 선생님께서는 이것이 인간의 속성에서 비롯한다고 말씀하셨는데요. 인간이 원래 그랬다기보다는 사회적으로 그렇게 길러진 건 아닐까요?

조광제: 두 가지 측면이 공존합니다. 인간이 원래 그런 속성이 있는 것도 있고 사회적으로 강화된 측면도 있어요. 자연 상태에서 인간은 배타적 소유에 대한 욕망이 있어요. 상상해 봅시다. 법도 없고 경찰도 없는 시절에, 물건의 소유권을 두고 얼마나 싸웠겠어요. 힘센 사람이 독차지합니다. 막을 힘도 명분도 없는 거죠. 빼앗겨도 하소연할 데가 없습니다. 철학자 홉스가 말한 "만인에 대한 만인의 투쟁"이 벌어지는 상황인 거죠. 그러다가 안 되겠다 싶어서 사람들이 규칙을 정합니다. 이건 내 거, 이건 네 거. 법으로 딱 만들고 나니까 분쟁이 줄어들어요. 소유권이 명확해집니다.

그런데 소유권이 법으로 정해지자 안 그러던 사람들도 배타적이 됩니다. 예전에는 사이좋게 나눠 쓰던 사람들이, 이젠 법이 그러니까 우리도 각자 개별적으로 사용하자고 합니다. 개인의 본성이 제도를 만들었지만, 이제 역으로 그런 제도가 개인들에게 영향을 미치는 겁니다.

그런데 여기서 생각해 보아야 할 것이 '배타성'의 사회적 규정이 나쁜 것만도 아니라는 거예요. 순기능이 있습니다. 아까 말씀드렸다시피 모든 생명체가 존립하려면 '배타성'이라는 조건이 필요합니다. 나와 외부의 경계가 있어야 나라는 존재가 성립하잖아요. 만약 나의 '배타성'을 인정하지 않는다면, 나의 고유성 또한 인정받지 못하는 결과를 초래합니다.

법이 나의 배타적 소유권을 보장한다는 것은, 그 이전에 '나'라는 존재를 인정하고 '나'의 자연적 생명을 보장한다는 겁니다. 나의 소유물과 마찬가지로 아무도 나의 목숨을 빼앗을 수 없습니다. 만약 이러한 사회적 합의가 없다면 인간 세상도 약육강식의 법칙이 통용되는 정글과 다를 바가 없어지겠지요. 사회적 약자를 보호하려는 측면이 있는 겁니다.

5강. 공부와 인권

우리가 '공부'를 하는 본질적 이유와 궁극적 목표는 의식주 등의 물질적 풍요를 획득하기 위해서가 아니에요. 지금보다 더 넓고, 크고, 깊고, 높은 관점과 사유를 갖기 위해서입니다. 거기에는 '나'에 갇히지 않고 '우리'로 나아가고자 하는 의식이 투영되어 있습니다. 학문의 모든 분야는 그것을 공부한 사람만을 위해서가 아니라, 그것을 공부한 사람을 통해 모든 사람들이 더불어 행복할 것을 최고의 가치로 삼습니다.

오늘 우리가 함께 이야기할 내용은 '공부와 인권'입니다. 구체적으로는 '공부와 인권은 어떤 관계에 있는가.' '인권에 대한 우리들의 인식을 제고하기 위해 우리는 어떤 공부를 해야 하는가.' 이 두 가지라고 할 수 있어요.

주제에 다가가려면 좀 더 세부적인 논의가 필요합니다. 우선, 개략적으로나마 '인권'에 대한 이해부터 해야 해요. '인권'이 무엇이며 왜 필요한지 등에 대한 이해가 있어야 그것에 대한 인식을 제고하는 것이 정당성을 갖기 때문입니다.

그다음으로, 우리는 '공부'에 대해서도 성찰해 보아야 해요. 굳이 '공부'와 관련해서 '성찰'이라는 표현을 쓴 것은, '공부'를 모르는 사람은 없지만 '공부'의 본질적 의미에 대해 깊이 생각하는 사람은 많지 않기 때문입니다. 이 강의는 '공부'에 초점을 맞춰서 이것이

'인권'과 어떻게 관계되는지에 대해 이야기하는 것이 목표입니다.

그럼 지금부터 우리는 왜 공부를 해야 하며, 어떤 공부를 해야 하는지, 그리고 그러한 '공부'가 '인권'과 어떻게 만나게 되는지에 대해 이야기를 나눠 보도록 하겠습니다.

'인권'을 위한 밑그림

여러분 인권이라는 게 뭘까요? 글자 그대로 하면 '사람의 권리'입니다. 그런데 이런 정의는 해석의 여지가 많습니다. 사람마다 이해의 방식과 차원이 다르니까요. 그래서 무언가를 정의하는 일은 늘 신중해야 합니다. 어떤 맥락에서 사용되는지를 살펴야 해요.

만일 누군가 하얀 화선지를 펼쳐 놓고 그 위에 보름달을 그려 보라 한다면 우리는 어떤 방식으로 달을 그릴까요? 아마도 쟁반같이 둥근 모양의 윤곽선부터 그리려 들 것입니다. 하지만 이렇게 윤곽선을 그리는 순간 그것은 이미 달이 아니에요. 왜냐하면 실제로 하늘에 떠 있는 달에는 그런 윤곽선이 없기 때문입니다. 실제 달은 분화구투성이입니다. 울퉁불퉁하지요. 외곽선으로 표현한 그림은 실제보다는 마음에 존재하는 달에 가까워요.

동양화 화법 중에 '홍운탁월(烘雲托月)'이라는 것이 있습니다. 이것은 달을 직접 그리지 않고 그 주변부를 채색함으로써 간접적으로 달이 드러나게 하는 방법이에요. 하얀 화선지 위에 하얀 달을 그리기 위해 고안한 지혜로운 기법입니다.

우리들은 어떤 것에 대해 설명하거나 보여 주고 싶을 때 그것을 직접적으로 정의하려는 경향이 있어요. 물론 그렇게 해서 본질에 좀 더 가깝게 다가갈 수도 있을 겁니다. 마치 쟁반같이 둥근 모양의 윤곽선을 보면서 보름달을 연상할 수 있듯이 말이죠. 그러나 윤곽선을 그리는 순간 그것은 이미 달이 아니듯, 어떤 것을 규정하려는 순간 그것의 본질로부터 벗어날 가능성이 있음을 잊지 말아야합니다. 따라서 '이것'을 온전히 드러내기 위해서는 '이것'에만 집중하기보다 '이것'을 둘러싸고 있는 장으로서의 '저것들'에 주목할 필요가 있습니다.

오늘 우리들이 이야기할 주제인 '인권(人權)' 역시 마찬가지예요. '인권'이란 글자 그대로 해석하자면 '사람으로서의 권리(human rights)'를 말합니다. 하지만 '인권'을 한 개인의 권리라는 측면에서만 접근하면 한계가 있어요. 오히려 그것이 이야기되는 맥락을 놓칠 가능성이 높습니다. 인권은 개인들이 존재하는 장, 즉 사회적인 의미로 이해할 때 그 본질에 더 가깝게 다가갈 수 있습니다. 그래서 제가 인권과 관련해서 아주 유명한 〈세계 인권 선언〉을 살펴보았습니다.

"모든 사람은 자유로운 존재로 태어났고, 똑같은 존엄과 권리를 가진다. 사람은 이성과 양심을 타고났으므로 서로를 형제애의 정신으로 대해야 한다."

위 글은 1948년 12월 10일 유엔이 제정한 〈세계 인권 선언〉 첫 번째 조항입니다. 유엔은 왜 이런 인권 선언문을 만들었을까요? 이 선언문이 만들어지기 직전까지 인류는 세계 대전이라는 화마(火魔)에 휩싸였습니다. 거기에 대한 반성이에요. 대참사를 겪고 난 인류는 전쟁의 원인이 인간에 대한 권리를 망각했기 때문이라고 생각했습니다. 다시 똑같은 오류를 반복하지 않으려면 모두가 똑같이 소중한 사람이라고 생각해야 한다고 믿었어요. 한 사람 한 사람이 가진 권리는 그 누구도 해칠 수 없습니다. 〈세계 인권 선언〉에 담긴 정신은 '나'만의 권리가 아닌, '모든 사람'의 권리에 대한 우리들의 인식을 제고하자는 것입니다. 내가 존귀한 만큼 다른 모든 사람들 또한 평등하게 존귀하다는 것을 알아야 한다는 것이죠. 그러한 이유로 우리 모두는 서로가 서로에게 어떤 이유로도 차별을 하거나 차별을 받아서는 안 되며, 형제애와 동료애의 정신으로 상생의 길을 지향해야 한다는 것이 이 선언문의 핵심이에요.

이해를 돕고자 질문 하나 드릴게요. 여러분, '사람'은 단수일까요, 복수일까요? 영어 같으면 'person'과 'people'로 구분되잖아요. 그런데 우리말은 그렇지 않습니다. 우리말 특성상 '-들'을 붙여 복수를 표현하기도 하지만, '사람'이라는 말 자체가 특정한 개인을 가리키기도 하고 인간 전체를 가리키기도 합니다. 우리가 쓰는 말에서도 그러한 특징이 드러나요. 은연중에 나와 우리를 한데 묶어 생각합니다.

예컨대 TV 뉴스에 범죄와 관련된 보도가 나온다고 가정해 봅시다. 차마 입에 담지도 못할 흉악한 범죄가 저질러지고 얼마 후 범인이 잡힙니다. 현장 검증을 하는데 그 장면이 고스란히 방송에 나와요. 그때 구경꾼 중 한 사람이 소리를 지르지요. "저런 나쁜 놈!" 우리도 같이 흥분합니다. 인간의 탈을 쓴 악마야, 사람이 어찌 저럴 수가 있느냐 하면서 말이죠.

그런 뉴스를 보면 기분이 어떤가요. 이제 안심이 되나요? 범죄를 저지른 당사자가 잡혔으니 논리상 그래야 하지 않나요? 하지만 우리는 그가 사회에서 격리될 것이라는 사실에 결코 안도하지 않아요. 오히려 세상이 어쩌다 이리 흉측해졌을까 하며 혀를 찹니다. 이미 개인의 문제가 아닌 우리 공동체의 문제로 받아들이는 거예요.

반대의 경우에도 그렇습니다. 이번엔 TV에서 이웃을 돕는 사람의 훈훈한 소식을 전해 듣습니다. 어려운 살림에도 돈을 아껴 불우한 이웃을 돕는다든가, 자신을 희생하는 정의로운 행동을 한 사람들의 소식을 들으면 어떻습니까? 가슴이 따뜻해지지요. 그래도 아직은 살 만한 세상이구나 하며 흐뭇해합니다. 그런데 사실 그 선행이라는 것은 개인이 한 일이잖아요. 우리나라 인구 5000만 명 중의 한 사람일 뿐이에요. 여러분이 살아가면서 그 사람을 만날 일이 몇 번이나 될까요? 지역이 다르면 가능성은 더욱 낮아지겠지요. 그럼에도 우리는 행복해합니다. 왜일까요? 그의 선행을 개인이 아닌 공동체의 일로 받아들이기 때문이에요. 한 사람 한 사람을 따로 떨어뜨려 놓고 생각하지 않는 겁니다. 당연한 말이지만, 개인과 공동체는 밀접한 관련을 맺고 있습니다. 나는 지구에서 살아가는 70억 명의 사람 중 한 명에 불과하지만, 그런 한 사람 한 사람이 모여 인류를 구성하고 있는 것입니다. 따라서 인권의 문제도 개인과 사회의 관점에서 동시에 접근해야 해요.

결국 '인권'의 지향점은 우리들 각자가 개개인의 권리를 주장하자는 게 아니라, 공동체 안에서 서로 존중하고 존중받으면서 살아가자는 데 있습니다. 그러기 위해서는 삶에 대한 우리들의 관점과 사유가 사적 차원을 넘어 공적 차원으로 나아가야 해요. 하지만 우리들이 삶의 현장에서 이를 실천하기란 말처럼 쉽지 않습니다. 그래서 '공부'가 필요한 거예요. 인간과 사회에 대한 가치관을 형성하는 여러분 나이 때부터 그런 '공부'가 필요합니다.

우리는 몸만큼 마음에 신경 쓰나?

공부는 단순히 지식을 쌓기 위해서 하는 것이 아닙니다. 결국은 어떻게 살 것이냐의 문제에서 비롯된 것이 공부거든요. 인간이 공부가 필요하다면 인간이라고 하는 존재가 어떤 존재인가에 대해서 이해할 필요가 있어요. 동서고금을 막론하고 사람을 설명할 때

'몸'과 '마음'으로 나눕니다. 육체와 영혼, 또는 신체와 정신이라고도 말할 수 있겠는데요. 어떻게 표현하든 사람은 '몸'이라는 영역과 그 이면에 있는 '마음' 또는 '정신'이라는 영역으로 설명합니다. 그렇다면 사람이 잘 살기 위해서는 이 두 가지 영역이 균형 잡히고 조화로워야 함은 지극히 당연한 일이 되지요.

그런데 우리는 '몸'이라는 영역에 대해서만 많은 노력을 기울입니다. 하루만 놓고 보더라도 '몸'을 위해 우리는 상당히 많은 시간과 정성을 쏟아요. 하루 세끼 밥 꼭꼭 챙겨 먹죠. 날씨에 맞게 옷을 입으며, 쾌적한 생활 공간을 확보하려는 노력도 게을리하지 않습니다. 가만히 생각해 보면 결국 입고(의), 먹고(식), 사는(주) 데 에너지를 온통 쏟는 것은 아닌가 여겨질 정도예요. 웬만큼 살 만해도 노력은 그치지 않아요. 이제는 좀 더 '잘' 먹고, '잘' 입고, 좀 더 '잘' 살기 위해 우리의 일생을 몽땅 털어 넣습니다.

하지만 또 다른 영역인 '마음'은 어떻습니까? 몸만큼 신경 쓰나요? 예컨대 하루에 단 5분만이라도 마음의 힘을 기르기 위해 무엇인가를 하는 것이 있냐는 말이에요. 불행하게도 대부분의 사람들이 그러지 못하고 있습니다. 현실이 이와 같으니 우리들의 '몸'과 '마음'은 불균형 상태가 되고 맙니다. '몸'과 '마음'이 불균형이라는 것은 곧 그 '사람'이 불균형이라는 뜻이며, 이런 불균형한 사람들이 사회를 이룰 때 그 사회가 조화로울 리 없습니다.

구체적으로 사람의 '몸'과 '마음'이 불균형이면 어떤 문제가 생길까요? 우리는 갈등 해결 과정에서 단적으로 그 문제점을 확인할 수 있습니다. 먼저 갈등이라는 말의 어원부터 살펴보면, 갈등이란 칡넝쿨을 뜻하는 '갈(葛)'과 등나무를 뜻하는 '등(藤)'의 합성어예요. 이 둘은 모두 넝쿨 식물이지만 꼬이는 방향이 반대입니다. 칡넝쿨과 등나무가 한데 엉켜서 풀기가 어려운 상태, 그것이 바로 갈등이에요. 어원에서도 확인할 수 있는 것처럼, 모든 갈등은 상반된 두 입장이 대립할 때 빚어집니다.

우리가 살아가면서 힘들다고 느끼는 대표적인 경우가 바로 누군가와 갈등을 빚을 때예요. 갈등은 사람을 몹시 힘들게 합니다. 그런데 갈등은 쌍방 모두 문제가 있을 때 야기되는 것이 일반적이에요. 즉, 어느 한 쪽만 일방적으로 문제가 있어서 생기는 게 아니라는 겁니다. 그럼에도 불구하고 막상 갈등이 생기면 어때요? 상대방의 문제에만 주목하고, 그가 바뀌어야만 갈등이 해결될 것처럼 생각합니다. 문제는 갈등의 당사자인 쌍방이 모두 그런 입장을 취한다는 거예요. 이러면 갈등은 좀처럼 해결되지 않습니다.

갈등을 해결하려면 상대방을 몰아붙일 것이 아니라 나 역시 문제가 있을 수 있음을 알아야 해요. 나는 그대로면서 상대방에게만 바뀔 것을 요구하기보다는, 나를 먼저 바꾸면서 상대방에게도 바뀔 것을 요구할 때 갈등이 해소될 가능성은 훨씬 높아집니다.

그런데 이와 같은 방식으로 갈등을 해결하려면 다음 세 가지 조건이 충족되어야 해요. 첫째, 나를 객관적으로 성찰함으로써 문제점을 직시할 수 있는 힘이 있어야 합니다. 둘째, 발견된 문제점에 대한 단호한 개선책을 마련할 힘이 있어야 합니다. 셋째, 마련된 개선책을 과감하게 실천할 수 있는 힘이 있어야 합니다.

그렇다면 이 세 가지 힘은 '몸'과 '마음' 중 어디에서 나오는 것일까요? 당연히 '마음'이겠죠. 평소 '마음'의 건강을 잘 돌봐 온 사람들은 갈등이 생겼을 때 능히 이런 힘을 발휘할 수 있지만, '마음'을 전혀 돌보지 않았던 사람들에게는 이런 능력을 기대하기 어렵습니다.

'마음'에 힘이 없는 사람이 갈등 상황에 놓이게 되면 힘들어합니다. 벗어나고 싶지만 갈등을 해결할 '마음'의 힘이 없기 때문이에요. 그래서 '몸'을 통해 이를 해결하려고 들지요. 주변을 한번 돌아보세요. 얼마든지 그 증거를 찾을 수 있지요. 누군가와 갈등

을 빚게 되면 눈에 힘을 주어 상대방을 사납게 쳐다봅니다. 그다음
에는 핏대를 세워 가며 상대방에게 큰소리를 지르죠. 그래도 해결
이 안 된다 싶으면, 급기야 주먹질을 해대고 물건을 내던지는 등 과
격한 행동을 취합니다. '몸'으로 갈등을 해결하려는 이런 양상들을
우리는 '폭력'이라고 부릅니다.

　　폭력이 행사되는 과정을 좀 더 구체적으로 볼까요. 갈등
을 원만하게 해결하려면 함께 근본적인 원인을 찾고 이를 해결하기
위한 방법에 서로 동의할 수 있어야 합니다. 그 지루한 과정을 갈등
당사자가 함께 견뎌 내야 하는 것이죠. 그러나 이것이 말처럼 쉽지
가 않습니다. 대신 많은 사람들은 이런 동의의 과정을 회피하고, 자
신이 생각한 해결책을 일방적으로 요구합니다. 상대방이 동의할 수
없는 일방적인 요구는 복종을 강요하는 것이나 다름없습니다. 상대
로서는 따르기 어려울 테고, 결국 자신의 해결책이 거부되자 이를
참지 못한 쪽은 폭력을 행사하게 됩니다.

　　세상의 모든 것들은 시간을 들이고, 노력을 기울이고, 정
성을 쏟는 것에 비례해서 성장하게 되어 있습니다. 즉, 아무런 시간
과 노력과 정성 없이 저절로 건강하게 자랄 수 있는 것은 없다는 이
야기예요. '마음'이라고 예외는 아닙니다. '마음'이 힘을 가질 수
있도록 어떤 것도 해 주지 않았는데, '마음'이 제 혼자 건강할 리는
없죠. 갈등 상황에서 그 결과가 나타납니다. '마음'이 건강하지 못
한데, 나와 상대방이 함께 동의할 수 있는 진지하고 지루한 과정을
견뎌 낼 힘이 어디에서 나오겠어요. 상황은 꼬이고 갈등은 깊어집
니다.

　　그렇다면 '마음'은 어떻게 길러야 하는 것일까요? '몸'
이라면 의식주를 통해 기르면 되지만, '마음'에는 무엇을 제공해 주
어야 할까요? 우리가 자주 하는 표현 중에 '가을은 독서의 계절'
이라는 말이 있습니다. '책은 마음의 양식'이라는 말도 쓰죠. '몸'

은 쌀을 양식으로 하지만 '마음'은 책을 양식으로 합니다. 책을 읽음으로써 우리의 '마음'은 건강해지고 힘을 갖게 된다는 말이에요. 책을 읽는 행위를 좀 더 넓은 의미로 바꿔 본다면 그것이 곧 '공부'가 됩니다. 즉, '공부'를 통해 우리는 훨씬 건강하고 힘 있는 '마음'을 갖게 된다는 말이에요. 문제의 본질에 다가갈 수 있는 힘, 분명한 대안을 마련할 수 있는 힘, 생각을 실천으로 옮길 수 있는 힘이 있는 '마음'은 '공부'를 통해 길러질 수 있습니다. 그렇다면 마음의 힘을 기른다는 것은 어떤 걸까요?

나의 관점과 사유를 성장시키는 공부

여러분도 잘 아는 비유입니다만, 물이 반쯤 담긴 컵은 보는 사람의 마음에 따라 다르게 해석할 수 있습니다. 긍정적인 사람은 반이나 남았다고 보고 부정적인 사람은 반밖에 남지 않았다고 생각하죠. 같은 사물이나 현상도 해석이 다를 수 있다는 것입니다. 그래서 물이 반쯤 담긴 컵을 어떻게 볼 것인가에 관한 답은 컵에 담긴 물이 아니라 그걸 보는 사람의 눈 즉, 관점에서 나옵니다.

예컨대 우리가 사람의 어떤 한 면만 본다고 해 봅시다. 그러면 어느 한 사람을 온전히 이해하지 못합니다. 외려 그 사람 참 이상하다고 오해할 수도 있어요. 이런 방식으로 세상을 보면 주변에는 온통 '이상한 사람'밖에 없게 되겠죠. 그러면서 우리는 스스로 불행하다고 느낄 겁니다.

반대로 우리가 어떤 사람의 여러 면을 고루 볼 수 있다면 어떻게 될까요? 누군가 비록 작은 허물이 있더라도 충분히 이해할 만한 사람으로 느껴질 것이고, 그 밖에 다른 장점들도 함께 볼 수 있게 될 것입니다. 그러면 주변에 '꽤 괜찮은 사람'이 늘겠죠. 주변에

괜찮은 사람들이 많아질수록 우리는 행복할 겁니다.

이렇듯 행복이란 결국 내가 어떤 방식으로 사람들을 대하느냐와 깊은 관계가 있습니다. 중요한 것은 관점과 사유입니다. 이걸 가지고 있으면 세상을 훨씬 더 깊게 멀리 볼 수 있습니다. 그게 마음의 힘이에요. 공부란 결국, 나의 관점과 사유를 성장시키고자 하는 것입니다.

애석하게도 오늘날 여러분이 교실에서 또는 학원에서 하는 공부는 이와는 거리가 멉니다. 만약 우리나라 학교가 이런 공부를 시키는 곳이었다면 세상은 이미 달라져 있어야 합니다. 전 세계에서 우리나라 학생들이 가장 공부 시간이 길잖아요. 잠잘 시간도 없이 말이에요. 이유가 뭘까요? 사람들이 이렇게 열심히 공부를 하는데, 왜 사회는 그만큼 좋아지는 것 같지 않을까요?

공부의 목적이 다르기 때문입니다. 여러분 공부는 왜 해요? (청소년: "좋은 대학 가려고요.") 네, 현실적으로 그렇습니다. 그렇다면 '좋은 대학'이란 무엇일까요?

이상적으로 말하자면 이렇습니다. 한 친구가 학교생활을 하다가 어떤 분야에 관심을 갖게 되었습니다. 그러다 더 깊이 있는 공부를 하고 싶어서 대학에 진학해요. 그곳에서 훌륭한 교수님을 만나서 깊이 있는 학문의 세계로 들어갑니다. 학교는 졸업 후에도 그러한 배움을 이어나갈 수 있도록 도와줍니다. 이런 게 '좋은 대학'이겠죠? 그러나 현실은 너무도 동떨어져 있습니다. 우리가 흔히 말하는 '좋은 대학'은 '좋은 직장'에 들어갈 가능성을 높여 주는 대학입니다.

그러면 이번엔 '좋은 직장'에 대해서 생각해 보도록 하지요. 어떤 사람이 동창 모임에 갔습니다. 친구들이 오랜만에 모여서 안부를 물어요. 그는 이렇게 대답합니다. 평소 관심 있었던 일을 하면서 살게 되었다. 그래서 직장 생활이 즐겁고 보람 있다. 행복하다고 말이죠. 그런데 친구들의 반응이 이래요. "됐고. 얼마 받는데?"
(웃음)

그 친구는 입을 다뭅니다. 이어서 다른 친구가 말을 꺼내요. 유명 대기업에 들어간 이 친구는 돈은 많이 받지만 스트레스를 많이 받는다, 너무 힘들다며 하소연합니다. 이번에는 친구들이 이런 반응을 보여요. "복에 겨운 소리 그만하지." 우리나라에서 직업과 관련한 가치 기준은 연봉이에요. 따라서 '좋은 직장'은 월급을 많이 주는 직장입니다.

예전에 흥사단에서 고등학생들을 대상으로 설문 조사를 한 적이 있습니다. 그때 질문이 "10억을 준다면 1년간 감옥에 갈 용의가 있는가?"였는데요, 상당수가 그렇다고 대답해서 충격을 준 적이 있습니다. 하지만 저는 오늘날과 같은 교육 환경에서는 결코 이상한 일이 아니라고 생각했습니다. 왜일까요? 눈 딱 감고 1년 감옥 다녀오면 고생스럽게 공부 안 해도 된다고 보는 것이 아닐까요? 한 번에 모든 게 해결되잖아요.

결국 공부의 목적이 돈이라고 생각하는 겁니다. 지금보다 더 좋은 옷을 입고, 더 좋은 음식을 먹고, 더 넓고 좋은 집에서 살고, 더 큰 자동차를 타려고 하는 거라는 말이죠. 공부의 참 의미가 사라진 우리 시대의 자화상입니다.

우리는 왜 이처럼 '돈'에 집착하는 걸까요? 먹고살아야 하니까? 그건 최저 생계비만 있으면 되지 않나요? 우리가 단순히 경제적인 이유로 돈을 필요로 한다면 풍족한 사람들이 돈에 집착하는 이유가 설명되지 않습니다. 이유는 다른 곳에 있어요. 돈은 사람을 치장해 줍니다. 값비싼 옷을 입고, 좋은 차를 탄 사람이 멋져 보이잖아요. 눈에 보이는 것을 중요시하는 사회에서는 그런 치장을 위해 기꺼이 다른 가치를 희생합니다.

만약 우리 사회가 사람의 내면에서 아름다움을 발견할 줄

안다면 이야기는 달라져요. 그 사람의 생각, 태도, 느낌 이러한 것을 알아보는 사람이 많아지면 겉치레에 집착하지 않아도 되잖아요.

학습의 의미로 본 공부의 본질

그렇다면 '참 공부'는 무엇일까요? 공부를 한자로 '학습(學習)'이라고 하죠. 첫 글자가 배울 '학'이에요. '학(學)'이라는 글자를 만들어 사용했던 옛사람들은 이 글자의 기본적인 뜻을 '본받음'이라고 설명했습니다. 이 설명은 배움의 본질적인 의미를 이해하는 데 매우 중요한 생각을 담고 있어요. 인간의 여러 행위 중에서도 '본받음'이라는 행위는 특별한 전제를 동반하는 특징을 갖습니다. 즉, '본받음'이란 반드시 자기 자신에 대해 부족과 결핍을 자각할 때만 행해지기 때문이에요. 만일 누군가가 자기 자신에 대해 충분하고 완벽하다고 생각한다면 그럴 필요성을 느끼지 못할 거예요. 나 스스로가 완벽한데 누군가를 본받아야 할 필요가 있을까요? 그러니까 인간은 어떤 문제점을 자각했을 때 외부로부터 무엇인가를 받아들임으로써 이를 해결하려고 하는데, 이러한 '본받음'이야말로 배움의 본질이라고 옛사람들은 생각했던 거예요.

또한 배움이란 변화와 성장을 위한 새로운 만남이라고 말할 수 있습니다. 여기에서 말하는 변화와 성장은 물질적 풍요나 사회적 지위의 상승과 같은 외적 조건의 개선이 아닙니다. 세상을 바라보는 관점이나 대상을 인식하는 사유의 변화와 성장을 통한 사람으로서의 품격, 즉 인격(人格)의 변화와 성장을 의미하지요. 변화와 성장은 현재의 자기 자신에 대한 성찰과 이를 바탕으로 한 문제의식에서 출발합니다. 그런데 이것은 현재 자신이 알고 있거나 경험한 것으로는 가능하지 않아요. 새로운 것을 받아들여야 합니다. 즉, 배움이란 '본받음'이자 '새로움과의 만남'인 것입니다.

우리는 새로운 것들과의 만남을 통해 변화하고 성장할 수 있는 중요한 계기를 맞이하게 돼요. 그런 점에서 '만남'은 매우 중요한 의미를 갖지요. 하지만 이 '만남'이 곧바로 변화와 성장으로 이어지는 것은 아니라는 사실도 알아야 합니다. '만남'은 중요한 계기를 제공하지만 우리는 여기서 한 단계 더 나아가야만 해요.

'새로 만나게 될 그것'은 아직은 우리에게 낯선 것입니다. 왜냐하면 한 번도 그렇게 살아 본 경험이 없을 뿐 아니라, 그런 것이 있는지조차 몰랐으니까요. 그 새로운 것과 만남으로써 우리는 더 나은 변화와 성장의 가능성을 확인하지만, 그것은 가능성일 뿐 아직은 현실이 아닙니다. 그 가능성이 실질적인 변화와 성장으로 이어지려면 또 다른 과정이 필요해요. 바로 그 낯선 방식과 친숙해지는 과정, 그래서 결과적으로 나의 삶이 그렇게 되는 과정입니다. 예컨대 요만큼만 보고 살았던 우리가, 이렇게만 생각하며 살았던 우리가 실제의 삶 속에서 더 넓고, 크고, 깊고, 멀리 보고 생각하는 방식과 익숙해지는 과정이 필요하다는 거예요. 그것이 바로 '익힘'입니다.

'익힘'을 나타내는 한자는 '습(習)'이에요. 이 글자는 새의 깃털을 뜻하는 글자 '우(羽)'와 흰색을 나타내는 글자 '백(白)'이 결합한 형태입니다. 따라서 이 글자의 형태 구성상의 의미는 '새의 깃털이 하얗다'라고 할 수 있습니다. 그런데 '깃 우(羽)'자는 단순히 깃털을 뜻하기만 하는 것이 아니라 깃털의 총체로서 날개를 뜻하기도 해요. 따라서 습(習)의 뜻은 '날개가 하얗다'로 해석될 수 있지요.

그렇다면 '날개가 하얗다'는 것은 구체적으로 어떤 의미일까요? 옛사람들은 이 글자의 뜻을 '조삭비(鳥數飛)'라고 설명했습니다. '조삭비'는 글자 그대로 해석하자면 '새가 자주 날다'이지만, 이를 풀어서 설명하자면 '새가 날갯짓을 자주 하는 모습'이라고 할 수 있습니다. 즉, '날개가 하얗다'라는 것은 날개의 물리적 색깔이 하얗다는 뜻이 아니라, 새가 매우 빠른 속도로 날갯짓할 때 우리 눈에 날개가 하얗게 보이는 현상을 말합니다.

'익힐 습(習)'자에 부여된 이런 의미는 다시 '어린 새가 날기 연습하는 모습'이라고 해석할 수 있습니다. 벌새처럼 특별한 경우에는 어른 새가 되어서도 날개가 하얗게 보일 정도로 빠른 날갯짓을 하지만, 대부분의 어른 새는 그러지 않죠. 어린 새만이 날개가 하얗게 보일 정도로 날갯짓을 하는 과정을 거치게 됩니다.

알에서 깨어난 어린 새는 어미 새가 물어다 준 먹이를 받아먹으며 하루가 다르게 자라죠. 몸집이 커지면서 옆구리에 돋아난 날개도 점점 커진 어린 새는 누가 가르쳐 주지 않아도 스스로 날갯짓을 합니다. 새는 '날짐승' 즉 '나는 동물'이에요. '날짐승'인 새는 낢으로써 다른 동물들과 다른 자신만의 존재 이유를 성취하게 되지요. 어린 새가 날갯짓을 하는 것은 완성된 존재를 지향하는 몸짓이라고 할 수 있습니다. 하지만 둥지 안에서의 날갯짓만으로는 결코 날 수 없어요. 날고 싶지만 날지 못하는 상황에서 어린 새는 결핍을 느낍니다. 변화하고 성장하기 위해서는 둥지에만 머물러 있어서는 안 되죠. 그래서 새는 익숙하고 편안한 둥지를 박차고 낯설고 위험한 둥지 밖으로 몸을 던지는 선택을 하게 되는 거예요.

그렇게 비상을 꿈꾸며 둥지 밖으로 몸을 던지지만, 어린 새가 맞닥뜨린 현실은 '추락'입니다. 날개 힘이 없으니 아래로 떨어지는 거예요. 이제 어린 새는 나는 것이 문제가 아니라 사는 것이 문제가 돼요. 이런 상황에서 어린 새가 죽지 않기 위해 할 수 있는 것이 무엇일까요? 날개가 하얗게 보일 만큼 죽기 살기로 날갯짓을 하는 것뿐입니다. '익힐 습(習)'자는 바로 이 장면을 포착한 글자예요.

옛사람들이 어린 새의 날기 연습 과정을 본떠서 '습(習)'이라는 글자를 만들고 이 글자에 '익힘'이라는 뜻을 담았을 때, 어쩌면 다음과 같은 물음도 함께 담아 두었는지 모릅니다. "왜 어린 새는 편안한 둥지를 버리고 몸을 던져서 죽기 살기로 몸부림치며 날갯짓을 하는 것일까?" 그것은 당연히 날기 위해서겠죠. 날지 못했던 새가 나는 새로 변화하고 성장하기 위해서 말입니다.

옛사람들의 물음은 또 이어집니다. "그렇다면 알지 못하고 경험한 적 없는 새로운 것을 통해 변화하고 성장하려면 우리는 어떻게 해야 할까?" 어린 새처럼 낯설고 위험한 상황에 기꺼이 몸을 던지는 용기와 죽기 살기로 몸부림치는 절실함을 가져야 합니다. 그런 용기와 절심함 없이 그저 바라기만 해서는 변화와 성장이 이루어질 리 없으니까요.

지금 나의 상황이 뭔가 부족하고 결핍되어 있음을 알아차리는 성찰도 중요하지만, 그것을 변화와 성장으로 이어지게 하는 실질적인 노력이 필요합니다. 새로움과의 만남을 통해 중요한 계기를 맞지만, 만남이 곧 변화와 성장을 의미하지는 않아요. 참으로 변화하고 성장하기 위해서는 그동안의 내 삶의 방식과 전혀 다른 것을 기꺼이 받아들이고 내 것이 되게 하려는 노력이 더해져야 합니다. 그 과정은 어린 새가 익숙하고 편안한 둥지를 버리고 낯설고 위험한 세상 밖으로 몸을 던지는 것만큼 힘들고 어려운 과정입니다. 하지만 그러지 않고서는 결코 변화와 성장을 기대할 수 없어요. 이런 점에서 옛사람들이 어린 새가 날기 연습하는 모습을 통해 '익힘'이라는 뜻을 전달하려 한 것은 기막힌 탁견입니다.

어린 새 이야기를 조금 더 해 볼까요. 자, 추락하던 어린 새는 몸부림치듯 날개를 저어서 거의 땅바닥에 떨어질 때쯤 방향을 바꾸어 푸드덕거리며 둥지로 돌아올 수 있게 됩니다. 이때 비상을 위한 도전이 추락이었다고 해서, 어린 새는 둥지 밖으로 몸을 던졌던 자신의 선택을 후회하거나 포기하지 않아요. 선택이 잘못 되어서 추락한 것이 아니라 아직 날갯짓이 익숙하지 않아서일 뿐임을 어린 새는 알기 때문입니다. 선택이 옳다면 도전은 계속됩니다. 어린 새는 추락할 줄 알면서도 또 둥지 밖으로 몸을 던져요. 던지고, 던지고 또 던집니다. 기어이 날게 될 때까지. 그리고 마침내 날지 못했던 어린 새는 날게 되지요.

이것은 얼마나 큰 변화입니까? 변화와 성장은 기존의 삶과는 전혀 다른 삶이 전개될 것임을 뜻합니다. 둥지 안에서 숲 속을 멀뚱히 바라볼 수밖에 없었던 어린 새는 이제 둥지를 벗어나 신나게 이 가지 저 가지를 옮겨 다니겠지요. 그런데 며칠이 지나자 어린 새에게 또다시 결핍이 찾아옵니다. 숲이 좁다고 느끼는 거예요. 어린 새는 이제 숲 밖을 꿈꾸게 됩니다. 만일 이 어린 새가 여전히 날지 못했다면 결코 숲 밖을 꿈꾸지 않았겠죠. 변화와 성장은 기존의 삶과 다른 삶을 가능하게 하면서 동시에 또 다른 변화와 성장의 시작이 됩니다. 마침내 숲을 벗어나 하늘로 날아오른 어린 새 앞에 새로운 세상이 펼쳐집니다. 말로만 들었던 파란 하늘과 하얀 구름을 직접 눈으로 보게 되지요. 세상과 동의어였던 그동안의 '숲'은 지평선까지 이어진 광활한 숲의 한 점에 불과하다는 사실도 비로소 깨닫게 됩니다. 숲 속에서만 살아서는 결코 볼 수 없었을 새로운 세상이 있었던 겁니다.

여기에서 우리는 '새로운 세상'에 대해 생각해 볼 필요가 있어요. 새로운 세상이란 없었던 세상을 의미하는 것이 아니에요. 다만 그동안 만나지 못한 세상일 뿐입니다. 또한 새로운 세상이란 세상이 변해서 우리 앞에 던져진 게 아니라 우리가 변화하고 성장했을 때 만나게 되는 세상일 뿐입니다. 즉, 세상이 새로워지는 것이 아니라 내가 새로워지는 것이죠. 배움을 통한 변화와 성장은 바로 이 새로워지는 자신을 향한 여정입니다.

위기지학(爲己之學)과 위인지학(爲人之學)

공자께서 말씀하셨다.
"옛날의 배우는 이들은 나를 위하였는데, 오늘날의 배우는 이들은 남을 위하는구나."
子曰: "古之學者爲己, 今之學者爲人."

－『논어』에서

동양 고전에는 윗글처럼 어떤 사안에 대해 옛날에는 어땠는데 오늘날은 어떻다는 방식으로 대비해서 이야기하는 경우가 많습니다. 그래서 '옛날'과 '오늘날'이라는 표현이 담고 있는 뜻을 잘 헤아려야 해요. 여기서 '옛날'과 '오늘날'은 역사적 사실 관계를 병렬적으로 언급하고 있는 것이 아니라, 어떤 문제 상황에 대한 지적과 그에 대한 대안이 '옛날'과 '오늘날'이라는 표현에 담겨 있다고 봐야 합니다. 어느 시대고 자신이 살고 있는 '오늘'은 늘 문제라고 여기잖아요. 아무래도 자신이 사는 시대가 더 나아졌으면 하는 바람이 반영된 것이 아닌가 싶습니다. '오늘날'은 늘 문제투성이인 경우가 많죠. 동양 고전에서는 이러한 문제 상황에 대한 대안을 '옛날'에 투영해서 보여 줍니다.

유념해야 할 것은 동양 고전에서 말하는 '옛날'은 사실적 '옛날'이라기보다 이상적 '옛날'이라는 점이에요. 이러한 방식은 '오늘날'의 사람들로 하여금 그 대안을 매우 자연스럽게 수용하게 만드는 심리적 효과를 발휘해요. 왜냐하면 바람직한 '옛날'은 문제투성이인 '오늘날'이 잃어버린 원형이고, 따라서 반드시 되찾아야 한다는 당위성을 심어 주기 때문입니다.

"옛날의 배우는 이들은 나를 위하였는데, 오늘날의 배우는 이들은 남을 위하는구나"라는 공자의 이야기 역시 '남을 위하는 배움'을 하는 오늘날의 문제 상황을 지적하면서, 이의 대안인 '나를 위하는 배움'을 옛날이라는 이름으로 제시하고 있는 것으로 보아야 합니다. 그렇다면 여기서 말하는 '배움'이란 무엇일까요?

먼저 '나를 위한 배움' 즉 '위기지학(爲己之學)'부터 살펴 보겠습니다. 배움이란 변화와 성장을 위해 새로운 것과 만나는 행위 라고 아까 말씀드렸죠? 배움을 통해 앎을 얻고, 그 앎으로 인해 나 의 관점과 사유가 성장하게 됩니다. 기존의 관점과 다른 새로운 관 점으로 사물을, 삶을, 세상을 바라보게 되고, 보다 넓고, 깊고, 높고, 큰 차원에서 생각을 할 수 있게 됩니다. 같은 대상을 보더라도 관점 이 바뀌면 새로운 것이 보입니다. 따라서 나는 늘 넓고, 깊고, 높고, 큰 눈으로 바라보려 해야 하고, 넓고, 깊고, 높고, 큰 가슴으로 생각 하려고 노력해야 하는데, 배움을 통해 얻게 된 앎이 나를 그렇게 성 장시킵니다.

나의 관점과 사유가 성장한다는 것은 곧 나의 인격이 성 숙해짐을 뜻하지요. 세상 모든 것에는 품격이 있습니다. 농부가 공 들여 기른 농산물에도, 어부가 애써 잡은 생선에도, 장인이 정성껏 만든 물건에도 모두 품격이 있지요. 그래서 그들의 노력과 정성을 생각하면 아무 것이라도 고맙게 먹고 써야 하겠지만, 우리가 물품 을 구입할 때면 당연히 더 좋은 것을 고르게 됩니다. 사람도 마찬가 지예요. 사람이라는 존재 자체는 너 나 할 것 없이 모두가 존귀하고 고귀해요. 그러나 우리가 친구를 사귈 때나, 스승을 모실 때나, 배우 자를 구할 때는 아무래도 더 좋은 품격을 가진 사람을 고르기 마련 입니다. 사람의 품격, 그것이 바로 '인격(人格)'입니다.

그렇다면 인격이란 무엇으로 판단되는 걸까요? 인격은 당연히 그 사람 자체와 관계가 있습니다. 이 말은 그 사람의 소유물 인 부나 명예나 지위 따위는 인격을 판단하는 본질적 조건이 아니 라는 것입니다. 그 사람이 어떤 관점을 갖고, 어떤 방식으로 생각하며, 어떤 태도로 삶을 살아가는지가 곧 그 사람의 품격을 말해 줍니다. 만일 그 사람이 뭇사람들보다 다양한 관점에서 보고 폭넓은 가슴으로 생각하면서 사람들을 대하고 자신이 맡은 일을 수행한다면, 그는 분명 높은 인격을 가진 사람일 거예요. 그러나 반대로, 그 사람이 일방적인 관점을 갖고 비좁은 가슴으로 자신의 이익만을 위해 살아간다면, 좋은 품격을 가진 사람은 아니라고 할 수 있겠죠.

배움을 통해 앎을 얻고, 그 앎으로 인해 나의 관점과 사유가 성장하고, 그 결과 성숙한 인격을 가진 내가 됩니다. 배움이라는 이름으로 새로운 무엇인가를 만나서부터 나의 인격을 성숙시키기까지의 과정이 온전히 내 안에서 흐르고 있는 거예요. 그것은 나를 벗어나지 않고 내 안에서 나를 변화시키고 성장시키는 흐름입니다. 이것이 바로 '위기지학(爲己之學)' 즉 '나를 위한 배움'이에요.

그렇다면 '위인지학(爲人之學)' 즉 '남을 위한 배움'은 무엇을 말하는 걸까요? '남을 위한 배움'도 배움인 이상 앎을 얻는 것은 당연합니다. 다만 그 앎을 취득하는 이유와 그 앎을 활용하는 방법 그리고 그 앎을 통해 기대하는 결과가 다를 뿐이지요. 이런 점에서 보았을 때 '남을 위한 배움'은 취득한 앎을 상품 가치의 향상이라는 측면에서 활용한다고 볼 수 있습니다.

'상품'이란 누군가에게 팔기 위한 목적으로 재배하거나 제작한 것을 말합니다. 같은 물건이라 해도 자신이 먹거나 쓰기 위해 재배하거나 제작했다면 상품이라고 하지 않죠. 결국 어떤 물품이 상품인지 아닌지는 그 물품을 생산한 목적에 의해 결정됩니다. 그런데 상품은 판매를 목적으로 하기 때문에 재배하거나 제작할 품목을 결정하는 단계에서부터 구매자의 기호에 민감하게 반응할 수밖에 없습니다. 또한 상품은 이를 구매할 사람들의 눈길을 끄는 것이 중요하기 때문에 화려한 포장을 하게 되지요.

이러한 상품의 특징들에 비추어 보면 '남을 위한 배움'

은 철저하게 상품 가치의 향상을 위해 지식을 활용한다는 것을 알 수 있습니다. 배움을 통해 지식을 취득한 목적이 누군가에게 자신을 팔기 위한 것이라면 그러한 지식은 분명 상품이에요. 더구나 어떤 분야의 지식을, 자신이 관심이 있어서가 아니라 구매할(특히 높은 값에 구매할) 사람의 입맛에 맞추기 위해 취득하였다면, 나아가 그 분야에 대한 공부를 열심히 한 이유조차 오직 그 지식을 높은 값에 팔기 위한 '화려한 포장'의 일환이었다면, 그것은 이론의 여지가 없어요. 상품 가치의 향상을 위해 지식을 활용한 것입니다.

그렇다면 지식을 하나의 상품으로 간주하고, 그것을 이왕이면 비싼 값에 팔겠다는 것이 왜 문제일까요? 그것은 이러한 배움의 목적과 수행 그리고 기대 결과가 배움의 본질을 왜곡할 가능성이 짙기 때문입니다. 즉, 지식이 일반적 의미에서의 상품으로 취급되면 당장 그 지식을 높은 값을 치르고 사 줄 사람만 있으면 팔려고 들 뿐, 그 지식이 누구를 위해 어떻게 사용될지는 묻지 않게 됩니다.

예컨대, 어떤 법률가가 뛰어난 법률 지식을 취득하였는데 그의 지식을 부정과 비리를 저지른 권력자나 재력가가 구매해서 법망을 피하려고 한다면 어떻게 될까요? 권력자나 재력가는 그 법률가의 지식을 매우 높은 값에 사려고 하겠죠. 이때, 법률가가 자신의 법률 지식을 상품으로 생각한다면 자신의 고객, 그것도 높은 값을 지불할 고객을 위해 판매하는 것은 당연하다고 여길 겁니다. 하지만 그가 법학의 본질적 정신에 부합하게 행동했다고 말하기는 어려울 거예요. 이처럼 지식을 아무런 고민 없이 일반적 의미의 상품과 동일시하는 것은 신중하게 고려해 볼 문제입니다.

'남을 위한 배움'은, 어떤 분야를 열심히 공부해서 뛰어난 지식을 취득하였으나, 그것을 오로지 자신에게 값을 지불할 사람을 위해 쓰는 것을 말합니다. 공부의 본질에 입각해서 모든 사람들을 위해 공(公)적으로 쓰는 것이 아니라, 반드시 나에게 대가를 지불할 남들을 위해서만 사(私)적으로 쓰는 거죠. 그러는 이유는 당연히 제 삶의 물질적 조건을 풍성하게 하기 위해서입니다. 자기의 배움으로 돈을 벌고자 하는 거죠. 모든 영역의 지식은 세상을 공정하게 만들고, 정의롭게 만들고, 건강하게 만드는 것을 본질로 합니다. 하지만 지식이 상품이 되는 순간 달라져요. 공정하지 않더라도, 정의롭지 않더라도, 건강하지 않더라도 물질적 대가와 교환할 수만 있다면 얼마든지 그 본질을 저버릴 수 있게 됩니다.

참된 공부가 이웃을 살린다

조선 시대의 학자 퇴계 이황 선생은 이 문제와 관련하여 제자들에게 다음과 같은 흥미로운 비유를 들어 설명한 바 있습니다.

(퇴계) 선생님께서 말씀하셨다. "깊은 산 울창한 숲속에 핀 난초 한 송이가 종일토록 향기로우면서도 정작 자신이 얼마나 향기로운 줄 그 자신도 모른다. 이것이야말로 군자의 '나를 위함(爲己)'의 의미와 정확하게 부합하니 마땅히 깊이 체득하라."
先生曰: "深山茂林之中, 有一蘭草, 終日薰香, 而不自知其爲香, 正合於君子爲己之義, 宜深體之."
ㅡ『간재집』에서

"깊은 산 울창한 숲속"이란 아무도 가 본 적 없고 누구도 알지 못하는 곳을 말합니다. 이곳에 난초 한 송이가 피었습니다. 당연히 이곳에 난초가 피어 있는 줄 아는 사람은 없습니다. 하지만 이곳은 세상 그 어느 곳보다 난초가 태어나 자라기에 적당한 곳이죠. 이곳은 사람들의 발길이 닿지 않은 곳이기 때문입니다. 땅 속에는 풍부한 양분이 있고, 하늘로부터는 따사로운 햇볕과 시원한 바람과 몸을 적시기에 충분한 이슬이 주어집니다. 그래서 이곳에 핀 난초는 세상 그 어느 난초보다도 향기로운 향기를 한가득 자신 안에 품고 있지요. "종일토록 향기롭다"는 말은 그 향기가 지극히 향기로울 뿐 아니라 오래도록 마르지 않음을 뜻합니다.

퇴계는 난초가 처한 상황을 이와 같이 설정한 다음 "정작 자신이 얼마나 향기로운 줄 그 자신도 모른다"라는 말로 난초의 자세를 설명해요. 난초 자신이 스스로의 향기를 안다면, 그것은 자신의 향기를 남들이 알아주기를 바라는 마음의 또 다른 표현일 겁니다. 그럴 생각이 없다면 애초에 자신의 향기에 관심을 두지 않을 것이니까요. '자기 향기를 모르는' 난초는 오직 건강한 자신의 삶에만 관심을 갖습니다. 양분을 빨아들이고, 햇볕을 쪼이고, 바람을 쏘이고, 이슬을 맞으면서 그저 자신의 삶을 건강하게 가꾸는 일이죠. 향기는 그 결과일 뿐입니다.

퇴계는 이러한 난초의 자세야말로 "군자의 '나를 위함(爲己)'의 의미와 정확하게 부합한다"고 말하면서 제자들에게 깊이 체득하라고 당부합니다. 퇴계가 난초의 비유를 통해 설명하고자 했던 것은 '나를 위함(爲己)'의 태도였던 것입니다. 제자들에게 공부의 목적을 설명하고 싶었던 거예요. 배움을 통해 자신이 더 나은 사람으로 변화하고 성장하면 되는 것이지, 남을 의식하거나 남에게 영합하기 위한 배움은 곤란하다는 점을 일깨워 주고자 함입니다.

그러려면 오늘날 많은 사람들이 하듯 자신의 배움을 수치화된 지표로 체크하면서 괴로워하지 말아야 합니다. 일상의 삶 속에서 관점이 변화하고 사유가 성장한 경험을 하면서 기뻐하는 것이 배움의 본질이기 때문이에요. 퇴계는 바로 그런 이야기를 하고자 했던 겁니다.

'나를 위한 배움'은 나의 관점과 사유가 성장하고, 그로 인해 나의 인격이 성숙하는 것을 목적으로 합니다. 배움이 시작되고 끝나는 흐름이 결코 나를 벗어나지 않기에 그 배움은 철저하게 나를 위한 것이라 할 수 있어요. 철저하게 나를 변화하고 성장시키는 데 초점이 맞추어져 있기에 남이 알아주고 알아주지 않고는 아무런 문제가 되지 않습니다. 하지만 '남을 위한 배움'은 나의 상품 가치를 향상시키고, 그로 인해 내 삶의 물질적 조건을 신장시키는 것을 목적으로 해요. 배움이 오로지 나의 지식을 구매할 사람을 향해 있기에 한사코 남의 인지와 평가에 민감할 수밖에 없습니다.

이러한 속뜻을 모를 경우, '나를 위한 배움'은 언뜻 이기적인 배움인 것처럼 느껴지고, '남을 위한 배움'은 이타적인 배움인 것처럼 느껴집니다. 하지만 '나를 위한 배움'은 성숙한 인격을 바탕으로 세상을 위해 고민하고 행동하는 삶을 살도록 한다는 점에서 오히려 '세상 모두를 위한 배움'으로 나아갑니다. 이에 비해 '남을 위한 배움'은 물질적 대가가 궁극적 목적이기 때문에 세상에 대해 무관심하거나 타협하는 삶을 살도록 한다는 점에서 결국 '누구도 위하지 못하는 배움'에 머물고 말지요.

우리 속담에 "배워서 남 주나?"라는 말이 있어요. 이 속담의 진정한 속내는 본래 '나를 위한 배움'과 맞닿아 있었을 겁니다. 그리고 그것은 흔히 말하듯 "배운 사람들은 달라"와 같은 맥락에서 이야기되었을 거예요. 하지만 '남을 위한 배움'이 극성을 부리면 배움의 본질은 왜곡되고 "배워서 남 주나?"도 이기적인 의미로 쓰입니다. 그 결과 "배운 사람들이 더해"라는 말을 하게 되지요. 그래서 언젠가부터 우리 사회에는 "배워서 남 주자!"라는 말로 이 왜곡된 배움의 현상을 꼬집고 배움의 본질을 직시하려는 움직임이 일었습니다. 분명한 것은, 배움이 나를 철저하게 변화시켰을 때 비로소 남에게도 그 배움의 영향이 미친다는 사실이에요. 나를 변화시키지 못하는 배움은 결코 남에게 아무런 영향도 줄 수 없습니다. 이런 점에서 배움에 관한 본질적인 의미를 다음과 같이 정리해 볼 수 있어요.

배움으로 인해 나의 삶이 변화·성장하고,
좋은 세상을 위한 파장이 나로부터 비롯되게 하라!

'인권'은 나의 권리 때문이 아니라, 우리의 권리 때문에 필요한 것입니다. 다시 말하면 나만 잘살기 위해서가 아니라, 우리 모두가 더불어 잘살기 위해 '인권'을 이야기하는 것이지요. 그러기 위해서는 삶에 대한 우리들의 관점과 사유가 사(私)적 차원을 넘어 공(公)적 차원으로 나아가야 합니다. 하지만 그러한 관점과 사유의 성장은 저절로 이루어지지 않아요. 그래서 우리는 '공부'를 필요로 하는 겁니다.

우리가 '공부'를 하는 본질적 이유와 궁극적 목표는 의식주 등의 물질적 풍요를 획득하기 위해서가 아니에요. 지금보다 더 넓고, 크고, 깊고, 높은 관점과 사유를 갖기 위해서입니다. 거기에는 '나'에 갇히지 않고 '우리'로 나아가고자 하는 의식이 투영되어 있습니다. 학문의 모든 분야는 그것을 공부한 사람만을 위해서가 아니라, 그것을 공부한 사람을 통해 모든 사람들이 더불어 행복할 것을 최고의 가치로 삼습니다.

공부의 결과가 '배운 사람이 더해'가 아닌 '배운 사람은 달라'가 될 때, 우리 사회와 우리 시대의 '인권'은 한층 더 실천력을 갖게 될 것입니다. 인권이란 공동체 안에서 서로 존중받으면서 살아가는 것이라고 했지요. 그러려면 지금 이 자리에 계신 여러분부터 참된 공부를 멈추지 말아야 합니다. 그럼 제 강의는 이것으로 마치겠습니다.

청소년: 선생님께서는 공교육을 전혀 받지 않으셨는데요, 혹시 불안하지는 않으셨나요?

한재훈: 제가 입학 통지서를 받고 간 곳은 초등학교가 아니라 서당이었습니다. 그때 저의 모습은 일곱 살짜리 댕기 동자였어요. 처음엔 몰랐는데 열 살, 열한 살, 이렇게 나이가 들어가니까 조금씩 내가 일반적인 아이들과는 다르다는 걸 의식하게 되었죠. 저를 보는 시선이 불편했습니다. 하지만 그다지 불안하지는 않았어요. 저는 제 공부가 잘못되었다고 생각하지 않았거든요. 거기에는 아버지의 영향도 컸습니다. 저를 서당에 보내기로 결정하신 분이기도 한데, 저는 아버지의 살아오신 모습을 보면서 그분이 내린 결정이라면 믿을 수 있다고 생각했지요. 언젠가 제가 대안 학교에서 학부모를 대상으로 강의한 적이 있었는데 그때도 이런 질문이 있었습니다. 저는 질문하신 분이 당신 아이를 대안학교에 보낸 게 잘한 일인지 어떤지 불안해한다고 생각했습니다. 그래서 말씀드렸어요. 아이를 보내기 전에 그런 고민은 이미 끝났어야 한다, 부모가 흔들리면 아이도 흔들린다고 말입니다.

저는 군대 이력이 없습니다. 왜냐하면 학력이 '무학(無學)'이에요. 안 간 게 아니라 못 간 거죠. 군대에서 저를 거부한 겁니다. (웃음) 그만큼 사회적 편견이 심했습니다. 하지만 아버지는 흔들리지 않으셨습니다. 그게 '사람 되는 공부'라고 믿었으니까요. 나중에 말씀하시길 학교 공부는 다 직업 갖자고 하는 거라고, 그리고 경쟁하는 거라고, 그러니 그건 배움이 아니라고 하셨어요.

저는 내가 하는 공부가 결코 '무학'일 수 없다고 생각했습니다. 저와 같이 시작했다가 중간에 다른 길을 간 친구도 많아요. 그때도 저는 동요하지 않았습니다. 믿음이 있었기 때문이에요. 여러분도 그런 굳은 믿음을 가지고 소중한 배움의 길을 가시기 바랍니다.

6강. 실천과 인권

오창익('인권연대' 사무국장)

인권은 오랜 투쟁의 산물입니다. 역사를 보더라도 명백한 사실이에요. 일례로 참정권은 오늘날 민주 국가의 시민이라면 누구나 누리는 권리지요. 그러나 예전에는 그렇지 않았습니다. 동서양을 막론하고 예전에는 왕이 통치했습니다. 따라서 참정권은 한 사람만 누릴 수 있었죠. 그러던 것이 '누구나' 누릴 수 있는 권리가 된 것은 수많은 사람들이 피를 흘린 결과입니다.

안녕하세요. 오창익입니다. 오늘 강의는 시 한 편으로 시작하려고 해요. 함께 읽어 볼까요?

남으로 창을 내겠소
밭이 한참갈이
괭이로 파고
호미론 풀을 매지요

구름이 꼬인다 갈 리 있소
새 노래는 공으로 들랴오
강냉이가 익걸랑
함께 와 자셔도 좋소

왜 사냐건

웃지요

많은 사람들이 좋아하는 김상용의 「남으로 창을 내겠소」
입니다. 1934년에 발표했으니, 80년 된 시네요. 하지만 사람 사는
이치야 그때나 지금이나 별로 달라지지 않았겠죠. 시인은 그저 남쪽
으로 난 창문만 있어도, 제 몸 움직여 일할 수 있으면 행복하답니다.
이웃들과 함께 강냉이라도 나누며 사는 삶이 행복하답니다. 이미
행복한 삶을 살고 있으니, 누군가 왜 사느냐고 묻는다면, 그저 웃기
만 해도 된답니다. 큰 욕심 부리지 않더라도 행복할 수 있다는 거죠.

김상용 시인이 노래한 것처럼 평범한 일상에서도 행복을
느끼며 작은 것에도 만족하며 살 수 있다면 얼마나 좋을까요.

우리 모두의 행복을 위한 인권

삶은 때론 고달프기도 합니다. '인생은 고해(苦海)'라는 말
도 있죠. 마치 고통의 바다에 빠진 것처럼 험하고 거친 일을 많이 겪
어야 한다는 겁니다. 김상용 시인은 행복한 삶의 근거로 노동을 꼽
고 있습니다. 실제로 사람들은 노동을 통해 생계를 이어가고, 공동
체 차원에서는 인류 역사와 문명을 창조합니다. 그래서 노동은 신
성하다고들 하죠. 하지만, 노동이 꼭 보람과 기쁨만 주는 건 아닙니
다. 하기 싫어도 억지로 해야 할 때가 있어요. '학생의 본분'이라는
공부가 그렇습니다. 공부가 즐거운 사람도 있지만, 그저 어떤 자격
을 얻기 위해 지겨워도 참아가며 하는 경우도 많습니다.

살면서 겪는 어려움이 어디 이뿐이겠습니까? 때론 병에
걸리기도 하고, 사랑하는 사람과 헤어져야 하는 고통을 겪기도 합

니다. 믿었던 친구에게 배신을 당하거나 다른 사람에게 무시를 당하는 경우도 있습니다. 한꺼번에 여러 어려움과 맞서야 할 때도 있어요. 산다는 건 결코 만만한 일이 아닙니다.

누군가 여러분에게 왜 사느냐고 묻는다면 뭐라고 답하겠습니까? 간단히 "태어났으니까." "그냥." 하고 말할 수도 있겠죠. 하지만 너무 소극적이고 수동적이잖아요. 어차피 한 번뿐인 삶인데, 목숨이 주어졌으니 그냥 산다는 건 너무 슬프잖아요. 이렇게 답변이 궁색할 때가 있습니다. 그래서 사람들은 보다 적극적이고 능동적인 이유를 찾습니다. 사랑하는 사람들과 함께 행복하게 살고 싶어서, 또는 자기가 좋아하는 일을 하고 싶어서 살아간다고 합니다. 다른 사람들에게 좋은 영향을 미치고 싶은 사람도 있겠네요. 사람마다 살아야 할 까닭은 조금씩 다르겠지만, 이 각기 다른 답들 속에는 하나의 공통점이 있어요. 바로 '행복'이죠.

행복은 사람이 살아가야 할 까닭입니다. 김상용 시인의 시처럼 소박한 것에서 찾아도 좋고, 인류에게 좋은 영향을 미치겠다는 커다란 포부여도 좋아요. 하기 싫고 귀찮은 공부를 하는 까닭도 나중에 좀 더 행복해질 수 있다는 믿음 때문이겠죠. 하루의 고단한 노동을 견딜 수 있는 것도 나와 가족의 행복 때문일 겁니다.

여러분은 언제 행복을 느끼나요? 시험 끝내고 친구들과 어울려 놀 때, 누군가에게 칭찬을 받았을 때, 좋은 영화나 그림을 보았을 때, 좋은 음악을 들을 때, 풍경 좋은 곳을 찾았을 때, 맛난 것을 먹을 때, 또는 그저 아무것도 하지 않고 푹 쉴 때, 때론 열심히 일하거나 공부하면서 성취감을 느낄 때……

이런 행복들 때문에 우리는 오늘을 살아가고 있습니다. 행복은 세상을 사는 까닭입니다. 인생의 목표죠. 지금은 좀 힘들더라도 나중엔 행복해질 수 있다는 희망이 우리의 삶을 지키는 근거가 됩니다.

행복하게 산다는 것은 곧, 사람답게 사는 것입니다. 행복하게, 그리고 사람답게 살려면 뭐가 필요할까요? 거꾸로 생각해 봐도 좋겠네요. 무엇이 없어지거나 부족해졌을 때 우리는 사람답지 못하다고 느끼게 될까요? 당장 떠오르는 건 의식주(衣食住)겠죠. 입고 먹고 자는 일은 살아가는 데 기본이니까요. 헐벗거나 굶주리거나 잘 곳이 없다면 진짜 불행하겠죠. 물론 필요한 게 의식주만은 아닙니다. 교육도 받아야 하고, 일자리도 필요하고, 적절한 진료도 받을 수 있어야 해요. 적당히 쉬거나 문화생활도 할 수 있어야 하죠.

　　자유도 물론 중요하죠. 어떤 자유들이 필요한지 한번 살펴볼까요. 언론 · 출판 · 집회 · 시위 · 결사의 자유, 표현의 자유, 거주 · 이전의 자유, 학문의 자유, 사상의 자유, 종교의 자유, 신체의 자유……. 몇 가지만 꼽아 봐도 이렇게 많습니다. 자유는 역설적으로 자유가 없을 때 그 소중함을 알게 되죠. 신체의 자유만 해도 그래요. 대부분의 국가들이 신체의 자유를 빼앗는 것을 형벌로 삼고 있습니다. 신체의 자유를 빼앗겼을 때의 고통 때문이지요. 이런 형벌을 '자유형(自由刑)'이라고 부릅니다.

　　종교의 자유도 마찬가지입니다. 보통 때는 얼마나 소중한지 알 수 없죠. 하지만, 종교 때문에 목숨을 걸고 싸우거나, 심지어 전쟁을 벌이는 경우도 있답니다. 유럽이 특히 그랬죠. 독일의 30년 전쟁, 프랑스의 위그노 전쟁 등 종교 때문에 많은 사람들이 목숨을 잃었답니다. 또 사람답게 살려면 뭐가 필요할까요? 물이나 공기 같은 자연환경은 물론이고, 전기 · 통신 · 교통 같은 것도 꼭 필요하지요. 안전도 물론이지요. 우리가 살기 위해 필요한 것, 사람답게 살기 위해 누려야 할 것들은 이렇게 일일이 거명하기 어려울 정도로 많답니다.

　　그런데 이런 것들을 각자 알아서 해결해야 한다면 어떨까요? 틀림없이 곤란한 사람이 생길 거예요. 자본주의 사회에서 필요한 것들은 돈을 주고 사야 하죠. 그러니 돈이 많으면 살 만하겠지만, 돈이 없거나 부족하면 못 살게 되죠. 문제는 여기에 있습니다. 게으른 적도 없고, 누구보다 많은 시간을 열심히 일하면서도 돈을 제대로 벌지 못하는 경우가 많아요. 때로는 아예 돈을 벌 수 없는 사람들도 있죠. 나이가 적거나 너무 많아서, 아니면 아파서 돈을 벌지 못합니다. 결국 이런 사람들은 필요한 것들을 얻지 못하고 불행해질 가능성이 매우 커요.

중산층이나 부자라고 안심할 수 있는 건 아니에요. 자연재해나 재난, 안전사고 같은 것이 생기면, 개인의 노력만으로 그 어려움에서 벗어나기는 어려울 거예요. 일본 후쿠시마에서처럼 핵발전소 사고라도 나면 어떻게 하죠? 방사능이 부자와 가난한 사람을 구별하는 건 아니잖아요. 돈만 좇는 천박한 자본주의 풍조 때문에 사람들의 안전은 생각지 않는 경우도 많아요. 우리나라에서도 멀쩡해 보이던 다리가 무너지고, 백화점 건물이 붕괴된 적도 있었고, 여객선이 침몰하기도 했어요. 그뿐만 아니에요. 갑자기 전염병이 발생하는 경우도 있어요. 1997년 IMF 구제금융 사태처럼 경제난이 닥칠 수도 있어요. 이런 일들이 터진다면, 아무리 개인이 뛰어난 능력을 갖고 있다고 해도 막기 어려울 거예요. 혼자만의 노력으로 자신과 가족의 행복을 지킬 수는 없다는 거죠.

그래서 사람들은 자신의 행복을 지키기 위해 특별한 힘을 지닌 특별한 조직을 생각해 냈어요. 바로 국가예요. 재해나 전염병을 예방하고, 재난 구조나 일자리 만들기 등 개인이 감당하기에 벅찬 일들, 그러나 꼭 필요한 일들을 맡도록 하는 거죠. 그런 일들을 잘할 수 있도록 시민들은 국가에 협조하고, 세금을 내거나 국방의 의무를 다합니다.

존 스튜어트 밀이 「자유론」에서 지적한 것처럼, 강자로부터 약자를 보호할 강력한 사회적 기구로서 국가가 탄생한 거예요.

그렇지만, 사실 국가라는 강자가 약자를 괴롭히지 않으리라는 보장이 없어요. 그래서 안전장치를 만들어야 했죠. 밀에 따르면, 그게 바로 자유이고, 지금 우리가 공부하고 있는 인권이에요. 제아무리 국가라고 해도 개인의 자유와 인권을 해칠 수 없도록 한 것입니다.

우리는 이러한 나라를 '공화국'이라고 부릅니다. 대통령이나 집권 세력이 제 맘대로 하지 못하도록 최고위 법인 헌법으로 나라의 원칙을 정하고, 엄격한 법의 지배를 받게 하는 나라들이죠. 프랑스는 프랑스 대혁명을 시작으로 거의 100년 동안 진행된 혁명의 역사를 통해 공화국을 만들었고, 미국은 영국과의 독립 전쟁을 통해 공화국을 만들었어요.

우리나라 헌법에 의하면 국가는 시민들의 인간다운 삶을 보장해야 합니다. 해도 그만, 하지 않아도 그만인 것이 아니라, 반드시 해야 하는 '국가의 의무'예요. 우리나라 헌법을 한번 읽어 볼까요.

모든 국민은 인간으로서의 존엄과 가치를 가지며 행복을 추구할 권리를 가진다.
국가는 개인이 가지는 불가침의 기본적 인권을 확인하고 이를 보장할 의무를 진다.
─대한민국 헌법 제10조

국민은 행복할 권리를 갖고, 국가는 이를 보장할 의무를 진다는 규정입니다. 이게 바로 오늘날 국가가 존재하는 이유입니다. 국가는 국민에게 인권이 있다는 것을 확인(인정)하고, 국민의 인권을 보장하는 의무를 지고 있다는 이 헌법 조항은 대한민국이 어떤 나라여야 하는지, 대한민국의 원칙이 무엇인지, 대한민국의 질서가 어떤 것인지를 잘 보여 주고 있어요. 인권은 모든 사람이 사람답게 살기 위해 반드시 보장되어야 하는 중요한 권리입니다. 그래서 최고위 법인 헌법에 적어 두어, 국가와 시민들이 함께 늘 기억하고 지키고자 한 것입니다.

배운 지 오래되어 기억나지 않는 친구들도 있겠지만, 여러분은 교과서에서 이미 인권에 대해 공부한 적이 있어요. 한번 기억을 되살려 볼까요. 초등학교 6학년 2학기 「사회」 교과서에 나온 내용입니다.

인간은 누구나 자신이 태어난 배경에 관계없이 자신의 인격을 존중받으며 살아갈 권리, 즉 인권을 가진다.

-교과서 38쪽

인간은 누구나 태어나면서 성별, 국적, 인종 등에 관계없이 존중을 받으며 인간답게 살아갈 권리를 가진다. 이것을 인권이라고 하는데, 인권은 타인이 함부로 빼앗을 수 없고 남에게 넘겨줄 수 없는 자연적으로 주어지는 권리이다.

-교과서 39쪽

이 교과서는 인권을 공부할 때, 꼭 알아야 할 세 가지 핵심 사항을 일러 주고 있어요.

첫째, 인권은 모든 사람이 누릴 수 있는 권리라는 거죠. 나이도 상관없고, 성별이나 인종도 상관없어요. 재산이나 소득이 많고 적은지도 따지지 않죠. 어떤 사람들만 갖고 있는 특권이 아니라, '~에도 불구하고' 누구나 갖는 보편적인 권리예요. 인권은 '묻지도 따지지도 않고' 누구에게나 보장됩니다.

둘째, 인권의 쓸모를 알려 줍니다. 교과서는 인권이 자신의 인격을 존중받으며 인간답게 살아가기 위한 것이라고 설명하고 있어요. 무시나 모욕을 당하지 않을 권리처럼 소극적인 개념이 아니라, 행복하게 살아가기 위해 꼭 필요한 적극적인 개념인 거죠. 인권은 우리의 삶과 무관하지 않습니다. 오히려 '행복한 삶'과 긴밀한 관계에 있지요. 우리가 인권의 중요성을 강조하는 이유입니다.

셋째, '권리'의 의미를 되새겨 줍니다. 인권에서의 권리는 모든 사람이 사람답게 살기 위해 필요한 무엇, 누려야 할 무엇이라는 거예요. 권리라는 말에는 내가 갖고 있는 것, 내가 누릴 수 있는 것이란 뜻이 있습니다. 여기에 더해 이런 권리를 소유하고 누리는 게 '당연하고 정당하다'는 뜻도 있어요.

이 세 가지 핵심을 더하면 다음처럼 인권에 대한 가장 일반적인, 그리고 교과서적인 정의를 만들 수 있어요.

"인권이란 행복하게 살기 위해 모두가 누려야 할 권리이다."

이제 초등학교를 지나 중학교로 가 볼까요. 함께 볼 책은 중학교 3학년 과정의 「도덕」 교과서(천재교육)입니다. 이 책에는 인권에 대한 더 자세한 설명이 나옵니다.

인권은 단순히 인간의 권리를 넘어 인간이 되기 위한 권리로서의 의미가 있다. 모든 인간은 존엄한 삶을 살려고 할 때 기본적인 필요가 보장되어야 한다. 이는 인간 사회에서 한 인간의 삶이 기본적인 생활수준 이하로 떨어지는 것을 막아 주려는 것이다. 이때 인권은 사람답게 살 권리, 즉 사람다움을 실현하는 권리가 된다.

-교과서 89쪽

누구나 사람답게 살고 싶어 하니, 인권은 누구에게나 중요한 가치가 되죠. 또한 인권은 우리가 지향해야 할 가치에만 머물지 않고, 우리가 삶에서 겪는 구체적인 문제를 해결하는 열쇠가 됩니다. 인권은 우리에게 목적이자 수단인 것입니다.

　　　인권은 사람답게 살 권리, 사람다움을 실현할 권리이기 때문에, 사람답게 살기를 바란다면 인권에 대해 공부해야 합니다. 특히 청소년 시기에는 더욱 그렇죠. 그렇지만 아직은 여건이 제대로 갖춰져 있지 않은 것 같아요. 학교에서도 겨우 맛보기 수준에서만 가르칠 뿐이고, 인권에 대해 따로 공부할 만한 책이 많은 것도 아니에요. 그 중요성에 비해 홀대를 당하고 있습니다. 인권에 대해 공부하는 것, 인권 교육을 받는 것은 인권을 누리기 위한 출발점이에요. 인권이 뭔지 알아야, 사람에게는 어떤 권리가 있는지 알아야 보장을 요구할 수 있으니까요.

　　　인권도 공부 해야 합니다. 하지만 겁먹을 필요는 없어요. 보통의 경우, 공부는 시험을 위한 것이거나, 상급 학교에 진학하거나 취직을 하기 위한 것인 경우가 많죠. 치열한 경쟁을 앞둔 공부는 부담스럽겠지만, 인권 공부는 별로 부담스럽지 않아요. 시험을 보는 것도 아니고, 성적을 매기는 것도 아니니까요. 몇 가지 중요한 원리만 알고 있으면 돼요. 그러면 일상생활에서 만나는 여러 가지 문제들을 풀어 갈 답을 찾을 수 있을 거예요. 자, 그럼 본격적으로 인권 공부를 시작해 볼까요.

인권은 발명되었다

　　　'인권'은 19세기에 일본 사람들이 번역한 단어입니다. 영어 단어 'Rights of Man'(지금은 이 표현 대신 'Human Rights'라고 쓴답니다. 인권이 마치 남성의 전유물인 것처럼 오해하지 않도록 하기 위한 것이죠)을 번역한 것입니다. 사람 '인(人)'자에 권세 '권(權)'자를 붙여서 만든 단어지요. 영어 단어 'man'을 '인(人)'으로, 'right'를 '권(權)'으로 번역한 거죠. 이 말은 일본을 넘어 한국과 중국, 그리고 베트남 등의 동아시아에서도 함께 쓴답니다.

'Rights of Man'을 그냥 '인권'이라고만 번역한 것은 좀 아쉬운 일입니다. '권(權)'이란 한자어는 원래 '저울추'를 의미해요. 저울추를 달아서 균형을 잡는 것처럼 권력 작용을 해야 한다는 뜻이에요. 하지만 권력이나 권세는 보통은 억압하는 성격이 강하고, 권력 작용을 통해 피해를 보는 사람들도 많잖아요. 'right'를 그냥 '권(權)'으로만 번역한 것은 그래서 좀 아쉬워요.

'권(權)'이라고 하면, 갖고 있는 것, 누리는 것이란 조금은 배타적인 의미로 읽히지만, 영어 단어 'right'는 '권(權)'과는 좀 다른 여러 뜻을 갖고 있어요. '권리'는 물론, '정의'나 '옳은 것'으로 번역할 수 있고, 형용사로는 '옳은', '올바른', '맞는' 등의 뜻이 있고, 부사로도 '정확히', '바로', '완전히', '옳게', '맞게' 등의 뜻도 갖고 있어요. 그러니까 'Rights of Man'은 그런 권리를 누리는 게 올바르고, 당연하고, 맞는다는 뜻까지 포함하는 거죠. 그래서 인권학자 조효제 선생님은 '옳다'는 의미를 강조해서 옳을 '의(義)' 자를 넣어 '의권(義權)'이라고 쓰고 싶다고 하기도 했어요. 하지만 '인권'이란 말이 널리 쓰이고 있어 지금 당장 다른 말로 대체하기는 쉽지 않겠네요. 또한 '의권(義權)'이라고 쓴다면, 워낙 "네 할 일을 다 한 다음에 네 권리를 주장하라!"는 말을 많이 들었기에, 적지 않은 사람들이 인권을 의무를 이행해야만 누릴 수 있는 것으로 오해할 가능성도 있고요.

서양이라고 해서 인권이란 말이 원래부터 있었던 건 아니에요. 근대 이전까지 기껏해야 왕의 권리나 있었을 뿐이니까요. 오늘날의 인권은 왕에게만 있던 권리가 왕이 아닌 사람들에게 확장된 결과입니다. 처음에는 귀족, 그다음에는 재산을 가진 자산 계급, 그리고 마침내 노동자와 여성과 다른 인종을 포함한 모든 사람의 권리로까지 발전해 온 겁니다. '천부인권(天賦人權)'이란 말을 자주 하니까, 인권이란 것이 하늘(하느님)이 준 선물로 여기는 경향이 많은데, 이는 하늘이 준 선물처럼 귀한 것, 꼭 지켜져야 할 것이란 의미입니다. 실제로 인권은 '신의 선물'이 아니라, 역사와 시대에 따라, 사람들의 필요에 따라 만들어진 개념이에요. 원래부터 존재했던 것이 아니니, '발견'이 아니라 '발명'인 셈이죠.

인권이 '발명'되고 나서도 사람들이 인권을 누리게 되기까지는 오랜 시간이 걸렸습니다. 근대 시민 혁명을 통해 근대 국가가 탄생할 때처럼 역사적으로 중요한 순간에는 인권이란 말이 자주 쓰였지만, 이후에는 잠잠했습니다. 오히려 인권은 퇴보했습니다. 20세기에 1, 2차 세계 대전을 겪는 동안 인류는 제국주의의 식민지 지배, 침략과 전쟁을 반복했어요. 20세기는 과학 기술 문명의 발전으로 눈부신 진보를 거듭한 시기이기도 했지만, 동시에 끔찍한 자기 파괴 행위로 점철된 전쟁과 학살의 시기이기도 했어요.

엄청난 규모의 세계 대전을 치르면서 인류는 마치 인권이란 말 자체를 잊어버린 것처럼 행동했어요. 그 결과는 참담했지요. 셀 수 없이 많은 사람, 지금의 대한민국 인구만큼이 전쟁 과정에서 희생되었어요. 대량 학살이 자행되었습니다. 우리가 익히 알고 있는 유대인 학살(홀로코스트)뿐만이 아닙니다. 수많은 사람들이 이런저런 이유로 희생당했습니다. 당시 소련에서만 2000만 명이 목숨을 잃었어요. 그 과정에서 인류의 지혜, 과학 기술의 발전이 인류의 행복이 아닌 전쟁을 위해 동원되었습니다. 핵폭탄 같은 대량 살상 무기의 개발로 인류는 공멸의 위기에 처하게 되었지요.

자, 이렇게 끔찍한 일을 겪고도 반성하지 않으면 사람이랄 수 없겠죠. 전쟁이 진행되는 와중에도 사람들은 왜 이런 전쟁을 해야 하는지를 끊임없이 물었어요. 그 답 중 하나가 바로 다음의 연설문에 담겨 있습니다.

우리가 안전하게 유지하려고 애쓰고 있는 가까운 장래에 있어 우리는 네 가지 기본적인 인간 자유 위에 세워진 세계를 대망하고 있습니다. 첫째, 세계 모든 곳에서 언론과 의사 표현의 자유입니다. 둘째, 세계 모든 곳에서 모든 사람이 자기 방식대로 신앙생활을 할 수 있는 자유입니다. 셋째, 세계 모든 곳에서 결핍으로부터의 자유입니다. 이것은 알기 쉽게 말하면 세계 각국이 그 주민에게 건강하고 평화로운 생활을 할 수 있도록 보장하는 경제적 조치를 의미합니다. 넷째, 세계 모든 곳에서 공포로부터의 자유입니다. 이것을 알기 쉽게 말하면 어떤 나라도 다른 나라에 대해 물리적인 공격 행위를 취할 수 없도록 할 수 있는 정도로 철두철미한 전 세계적 군비 축소를 의미합니다.

―프랭클린 루스벨트 '네 가지 자유' 중에서 [*]

제2차 세계 대전이 한창이던 1941년 1월 6일, 미국 대통령 루스벨트가 했던 유명한 연설이에요. 루스벨트는 이 연설을 통해 미국이 왜 싸워야 하는지를 명확히 밝혔어요.

일본이 미국에 선전포고를 하고 진주만 공습을 한 게 1941년 12월 7일의 일이니, 당시만 해도 미국은 제2차 세계 대전에 본격적으로 참전하지는 않고 있었어요. 하지만, 독일, 일본, 이탈리아의 도발에 전 세계가 신음하던 때였지요. 루스벨트는 독일 등과 싸우던 여러 나라에 항공기와 선박, 탱크와 대포, 총과 탄약 등을 보내기 위해 의회에 지원을 요청하면서 이 연설을 했어요. 루스벨트의 연설은 보다 적극적인 전쟁 지원으로 이어졌고, 이는 미국이 전쟁의 한복판에 빠져드는 걸 의미하기도 했어요. 루스벨트의 연설은 미국이 단지 연합국의 병기고 역할에만 그치는 게 아니라, 실제로 전쟁을 치를 각오를 하자는 것이었어요.

루스벨트는 "인간이 빵으로만 사는 것이 아닌 것처럼 인

[*] 조효제 번역, 『세계인권사상사』(도서출판 길, 2005)에서 일부 옮김.

간은 또한 군비로써만 싸우는 것이 아니"라면서, "싸울 만한 가치 있는 것"을 지키기 위해 싸운다고 했어요. 싸움을 해서라도 지켜야 할 가치는 "청년들과 다른 사람들에 대한 기회균등, 일할 수 있는 능력을 가진 자를 위한 일자리, 안전이 필요한 사람들을 위한 안전, 소수를 위한 특권의 종식, 모든 사람의 시민적 자유 보장, 보다 넓고 부단히 상승하는 생활수준의 보장, 과학적 진보의 성과 향유 등"이라고 구체적으로 제시했어요. 전쟁을 앞둔 심각한 위기 상황, 73년 전의 미국 대통령은 국가의 목표를 이렇게 제시한 거죠.

뿐만 아니라, 루스벨트는 "지금보다 더 많은 시민에게 노후 연금과 실업 보험을 적용"해야 하고, "정당한 의료의 도움을 받을 기회를 더 넓혀야" 하며, "효과적 고용을 받을 자격이 있거나 필요로 하는 사람들이 고용될 수 있도록 더 나은 체계를 만들어야" 한다고 역설했어요.

루스벨트는 이러한 가치가 천년 뒤에나 가능한 환상이 아니라, "당대에 실현될 수 있는 세계의 현실적인 기초"라고 강조했어요. 당시 미국의 운명이 "수많은 자애로운 사람들의 손과 머리와 가슴에 달렸다"고도 했어요. 루스벨트의 연설이 있은 지 73년이 지났고, 제2차 세계 대전이 끝난 지도 70년이 다 되어가지만, 이 연설은 지금 여기에서도 그대로 적용할 수 있어요. 이 연설은 국가의 역할이 무엇이어야 하는지, 왜 국민들이 세금을 내고, 국방의 의무를 다하고, 또 국가 지도자를 선출해서 그들에게 막강한 권한을 맡기고 있는지에 대한 분명한 답이에요. 우리의 국가 지도자들이 70여 년 전 루스벨트만큼의 식견과 안목, 그리고 전망을 갖고 있었는지 물을 수 있는 근거이기도 하겠네요.

〈세계 인권 선언〉의 탄생

제2차 세계 대전이 끝나고, 세계는 폐허로 변해 버렸어요. 학살과 파괴로 점철된 세상을 보면서 탄식이 절로 나올 수밖에 없는 상황이었지요. 인류는 철저한 반성이 필요하다고 여겼어요. 더 이상 민주주의와 인권을 파괴하는 어떠한 도발도 용납해서는 안 된다고 생각했고, 여러 국가들의 본질적 의무를 되새길 필요를 절감했어요. 성찰을 거듭하며 유엔은 1948년 〈세계 인권 선언〉을 만들어 냅니다. 모든 사람이 인정할 수 있는 일반 원칙(general principle)이었죠. 실제로 1948년 유엔 총회에서 통과된 이 원칙에는 단 한 나라도 반대하지 않았어요. 당시 세계는 자유주의와 사회주의 진영으로 나뉘어 있었고, 여전히 식민지를 갖고 있던 제국주의 국가들도 있었는데도 그랬어요. 인종이나 성별에 따른 차별이 극심한 나라들마저도 이 원칙에는 반대하지 않았어요.

인류 역사상 처음으로 국가들이 모여 인권에 대한 중요한 원칙을 밝힌 거지요. 국가는 인권에 대해 부담과 의무를 지고 있기에, 인권 문제에 대해 보수적인 태도를 취하기 마련이에요. 그런 의미에서 〈세계 인권 선언〉은 하나의 원칙일 수는 있어도, 인류가 가야 할 방향을 구체적으로 제시하는 데는 미치지 못했어요. 만족할 만한 수준은 아니었다는 거예요. 그러나 전 세계 단 한 나라도 반대하지 않은 원칙이라는 점, 인권 문제에 대해 전향적인 입장에 서는 법이 별로 없는 국가라는 기구가 모여서 만들었다는 점 때문에 중요한 원칙이 될 수 있었죠.

애써 만들었지만, 〈세계 인권 선언〉이 인권의 세상을 여는 마중물 역할을 제대로 수행하지 못한 적도 많았어요. 전쟁이라는 참담한 현실을 위로하는 조화(弔花)에 불과하다는 악평을 듣기도 했죠. 2차 대전이 끝나고 곧바로 세계는 초강대국 미국과 소련의 냉전

체제로 접어들었으니까요. 게다가 1950년에 한국 전쟁이 벌어지기도 했어요. 우리가 발 딛고 사는 한반도에서 3년 동안 남북한은 물론 미국과 중국이 참전한 대규모 전쟁이 벌어진 거죠. 〈세계 인권 선언〉이 나온 지 불과 1년 반 만의 일이었어요. 전쟁의 참화를 여전히 기억하고 있는 인류는 또다시 세계 대전을 치러야 할지도 모를 심각한 사태에 빠져 버렸습니다.

인류는 〈세계 인권 선언〉이 나온 지 20년이 지나도록 제자리걸음만 했어요. 냉전(冷戰)은 곳곳에서 열전(熱戰)으로 이어졌고, 대립과 분열은 더 심각해졌어요. 인권은 기껏해야 상대 진영을 공격하는 도구 이상의 의미를 갖지 못했어요. 1966년 유엔이 '시민적·정치적 권리에 대한 국제 규약(자유권 규약)'과 '경제적·사회적·문화적 권리에 대한 국제 규약(사회권 규약)'을 잇따라 발표하는 등, 나름대로 인권의 진전을 위한 노력을 기울였지만, 세계 각국은 여전히 제국주의적 질서와 초강대국이 지배하는 패권적 질서, 그리고 냉전 구조 속에서 헤매고 있었지요.

인권에 새로운 바람이 불어온 것은 〈세계 인권 선언〉이 만들어진 지 20년이 되는 1968년이었어요. 프랑스 대학생들과 노동자들이 1968년 5월부터 새로운 세상을 위한 투쟁을 시작했고, 이 투쟁은 68혁명으로 이어졌어요. 프랑스의 투쟁은 독일 등 서유럽 여러 나라는 물론, 동유럽에까지 영향을 미쳤어요. 또 중국 등 아시아의 여러 나라에서도 동시다발적으로 저항 운동이 진행되었죠. 미국에서는 베트남전 반대 운동과 흑인 인권 운동을 중심으로 한 새로운 저항 운동이 전개되었어요. 냉전 구조와 매카시즘 같은 색깔론의 공세로 숨죽여 지내는 것처럼 보였던 민중이 드디어 역사의 전면에서 과감한 발언을 하기 시작했어요.

1970년대에 인권은 조용하지만 분명한 진전을 보였습니다. 세계 곳곳에서 인권 단체들이 활동을 시작했고, 인권 운동가들의 활약도 부쩍 늘었어요. 많은 탄압을 받았지만, 세계 곳곳의 인권 운동은 위축되지 않고 활발한 투쟁을 벌였어요. 그러자 국가도 더 이상 모른 척하고만 있을 수 없게 되었죠.

1970년대 후반 미국의 대통령이었던 지미 카터는 인권이란 말을 자주 쓰는 것으로 유명했어요. 물론 당시 미국의 대외 정책에서 인권 친화적인 모습을 찾기는 어려웠고, 초강대국으로서 제국주의적 횡포를 부리기도 했지만, 그래도 미국 대통령의 말이 변하기 시작했다는 것은 중요한 변화였어요. 인권에 대한 시민들의 관심이 늘어났기 때문이지요. 자기 나라 안에서만이 아니라, 다른 나라에서도 어떤 사건이 벌어지면, 그것을 곧바로 인권 문제라고 여기는 사람들이 늘어났어요. 아르헨티나에서 군부 세력이 국민과 민주화 세력을 대상으로 '더러운 전쟁'*을 벌였을 때를 보면 잘 알 수 있어요. 이렇게 극단적 인권 침해가 자행되면, 예전에는 그저 '국제 문제' 또는 다른 나라의 '정치 문제'였을 뿐이지만, 이제는 '인권 문제'로 여기게 된 거죠. 이렇게 시민 일반의 인식이 바뀌기까지 많은 사람들의 노력과 희생이 있었어요.

그렇다고 인권이 늘 진전되기만 했던 것은 아니었어요. 2003년 미국의 조지 부시 대통령이 이라크를 침략할 때처럼, 인권이 전쟁의 명분으로 둔갑하는 일도 있었으니까요. 인권의 의미도 훼손되었습니다. 부자 나라 사람들은 다이어트에 성공해 늘씬한 몸매를 갖고 적절한 의료 서비스를 받으며 백세까지 사는 것을 인권이라고 여기는 반면, 가난한 나라 사람들은 마실 물과 기본적인 식량을 얻는 것을 인권으로 여기고 있어요. 오늘날 지구 상에는 여전히 마실 물과 끼니조차 마련되지 않은 극한 상황에 놓인 사람들이 많아요. 인권 대신 경쟁력, 규제 완화, 효율, 편리, 시장, 국가 안보 따위의 말이 더 자주 쓰이기도 합니다.

우리나라도 김대중·노무현 정권 때는 상대적으로 인권이

*1976년에서 1983년까지 아르헨티나 군사 정권이 자국민을 대상으로 자행한 테러, 고문, 정보 조작을 말한다. 이로 인해 약 3만 명가량의 학생·기자·시민들이 살해 또는 실종된 것으로 추정된다.

란 말이 더 자주 쓰였지만, 이명박·박근혜 정권에선 경쟁력, 규제 완화 같은 말이 더 자주 쓰이고 있어요. 그만큼 우리 사회의 인권에 대한 감수성이 떨어졌다는 뜻이겠지요.

이처럼 시대별로 지역별로 부침은 있었지만, 크게 보았을 때 인권은 분명히 진전되어 왔어요. 헌법 위에 군림하면서, 그것이 마치 창조주의 뜻인 양 떠받들던 미국 백인들의 흑인 차별이 대표적인 예입니다. 그들의 폭력적인 흑백 분리 정책은 마틴 루서 킹, 말콤 엑스, 로사 파크스 같은 흑인 운동가들에 의해 균열을 보이더니, 오늘날에는 (적어도 형식적으로는) 완전히 사라져 버렸어요. 남아프리카공화국에서 아프리카 선주민인 흑인들을 국민은커녕 사람으로도 여기지 않았던 흑백 분리 정책(아파르트헤이트 Apartheid)도 마찬가지입니다. 과거 백인들에게 저항하던 지도자 넬슨 만델라의 대통령 당선으로 모두 과거의 일이 되었지요. 한국도 박정희, 전두환, 노태우처럼 군인들만 대통령이 되던 시기가 있었지만 1987년 6월 항쟁 이후, 형식적인 측면에서나마 민주주의를 회복하게 되었어요.

하지만 가끔 과연 인권은 진보하는가 하는 의심이 들 때도 있습니다. 그렇지만 비록 더딜지라도 인권은 세계 곳곳에서 분명하게 증진되고 있어요. 물론 여전히 부족한 게 많지만요.

꼭 알아야 할 인권의 원리

자, 그럼 이번에는 인권의 원리를 공부해 볼까요.

가장 중요한 것은 인권이 모든 사람들의 것이라는 원리예요. 이를 '보편성의 원리' 또는 '평등의 원리'라고 불러요. 인권은 모든 사람이 함께 누리는 권리라는 뜻이지요. 우리나라 국민은 만 19세가 되면 '누구나' 참정권을 갖게 됩니다. 참정권은 국민 주권을 실현하는 가장 기본적인 권리 중의 하나죠. 대통령, 시장, 국회의원과 지방의원, 교육감을 뽑을 권리이니 참 중요하죠.

그런데 참정권을 제대로 행사하려면 어떤 후보가 올바른 일꾼인지를 알 수 있어야 해요. 정치적 식견이 있어야만, 엉터리 선전에 휘둘리지 않을 수 있죠. 하지만, 그런 식견을 가지지 못했다고 해서 참정권이 없는 건 아니에요. 선량하지 못한 사람이나, 이기적인 사람도 마찬가지고요. 누구나 갖는 권리이기에 많이 배운 사람이나 그렇지 못한 사람의 차이도 없고, 장애 여부가 문제가 되지도 않아요. 종교가 뭔지, 재산이나 소득이 얼마나 되는지도 따지지 않죠. 물론 성(性)을 묻지도 않아요. 이런 게 바로 모든 사람의 권리, 보편적 권리에요. 이 보편성의 원리는 그것이 인권인지 아닌지를 구분하는 일종의 잣대 역할도 합니다. 어떤 권리가 있는데, 만약 그게 모두에게 주어져 있다면, 그건 인권이라고 부를 수 있겠지만, 어떤 특별한 사람들만 갖고 있다면, 그건 특권이겠죠. 인권과 특권은 함께할 수 없습니다. 그러니까 특권은 반인권이며, 또한 차별이 됩니다.

그런데 보편성은 중요한 원리지만, 이를 모두가 똑같이 대접받아야 한다는 뜻으로만 해석해선 곤란해요. 상황에 따라 약자와 강자, 소수자와 다수자로 나뉠 수 있기 때문이죠. 이들을 똑같이 대했다가는 소수자와 약자의 인권이 침해당할 수 있습니다. 장애인 이동권을 보장하기 위해 엘리베이터를 설치하는 것처럼, 약자나 소수자의 지위에 있는 사람들에게는 좀 다른 대접을 해야 할 경우가 있죠. 그런 사람들을 좀 더 배려해야 한다는 뜻이에요. 그래야 사회적 강자와 최소한의 균형을 맞출 수 있겠지요. 이를 '약자·소수자의 원리'라고 해요. 보편성의 원리는 이렇게 '약자·소수자의 원리'를 통해 보완되어야 합니다.

또 하나, 인권은 '나눌 수 없다'는 원리를 갖고 있습니다. 우리가 인권을 자유권과 사회권으로 나누기도 하고, 세대 구분에 따라 1세대 인권(자유권), 2세대 인권(사회권), 3세대 인권(연대권) 하고 부르지만, 이런 구분은 그야말로 편의를 위한 것일 뿐이에요. 인권은 그 자체로 하나로서 온전히 보장되어야 합니다. 일부만 인정받고 일부가 제한당한다면 그건 제대로 된 인권이 아닙니다. 예를 들어 보지요.

예전 군부독재 시절에 남영동 대공분실은 고문 시설로 악명이 높았습니다. 1987년 1월에는 대학생 박종철이 끌려와 고문을 받다가 목숨을 잃기도 했지요. 이곳에 가면 박종철 열사가 고문받았던 방이 그대로 보존되어 있어요. 박종철 열사의 희생은 1987년 6월 항쟁의 계기가 되었습니다. 이를 통해 제6공화국 헌법이 만들어졌으니 역사적 의미가 깊은 곳이죠.

대공분실에는 변기가 하나 있는데, 누구나 볼 수 있게 공개되어 있었어요. 고문받던 사람들은 거기서 볼일을 봐야 했어요. 게다가 바로 앞에는 감시 카메라가 설치되어 있었어요. 그래도 어쩔 수 없이 볼일을 봅니다. 배설은 인간의 본능이잖아요. 참다 참다 결국은 부끄러움을 감수하고 그곳에서 일을 보게 되지요. 그러면서 인간적인 모욕감을 느낍니다. 곧바로 비참해져요. 다 큰 어른이 남들 앞에서 볼일을 보는 거잖아요. 남영동 대공분실은 바로 이 점을 노렸어요. 붙잡혀 온 사람을 보잘것없는 존재로 만들어 버리는 거죠. 계속되는 고문은 말할 것도 없고요. 이런 식으로 개인을 무력화하고 저항을 포기하게 만드는 겁니다.

사람은 누구나 볼일을 봐야 해요. 안 그러면 큰일이 납니다. 하지만 볼일을 보더라도 인간답게 봐야 합니다. 밥을 먹는 것도 마찬가지죠. 사람이 밥을 먹는다는 것이 단지 영양분을 공급받는다는 의미만 있는 게 아니잖아요. 기왕이면 맛있는 밥을 먹고 싶고, 가능하다면 마음 맞는 사람들과 함께 먹고 싶어 하는 게 사람입니다. 그러면서 행복을 느끼고 자신이 존중받고 있다는 생각도 하게 되지요. 볼일을 보되 남들 앞에서, 밥을 먹되 비참하게, 이런 식으로 일부만 보장되면 인권 침해라고 할 수 있는 거예요.

이런 이유로 우리는 '단계적인 인권 보장론'에 반대해야 합니다. 일단 배를 채워야 인권이고 뭐고 있는 거 아니냐는 얘기 많이 들어 보셨죠? 무엇보다 생존이 중요하다는 뜻으로 가난한 사람들한테는 상당한 설득력이 있어 보입니다. 알게 모르게 우리는 이러한 '단계론'에 익숙해져 있어요. 배가 고프면 인간답게 살 수 없으니 맞는 말입니다. 하지만 끼니를 채워도 인간답게 채워야 하지 않을까요? 동물처럼 길거리에서 떨어진 음식을 주워 먹고 사는 사람에게 인권이 보장되었다고 말할 수 있을까요? 우리는 사람이기에 밥 먹는 것도 사람답게 먹을 수 있어야 해요.

노숙인을 위한 길거리 무료 급식은 노숙인들에게 음식을 제공하자는 좋은 뜻에서 진행되는 사업입니다. 하지만 누가 볼까 몸을 숨기고 밥을 먹는 노숙인들을 보면, 길거리에서 밥을 제공하는 게 오히려 인권 침해가 될 수도 있다는 생각이 듭니다. 배고픔을 달래기 위해 남들의 시선을 의식해야 하고 창피를 무릅써야 하기 때문이에요. 이분들에게 올바로 인권이 보장되려면 식사뿐만 아니라 식사를 할 적당한 장소도 제공되어야 합니다.

다음은 '변화의 원리'입니다. 인권이 구체적으로 무엇을 의미하는지, 인권의 내용과 목록은 시대나 장소에 따라 변해요. 이건 아주 간단한 원리예요. 사람들이 사람답게 살기 위해 필요한 것들이 시대 상황에 따라 달라지기 때문입니다.

평생 자기 마을을 떠나지 않고도 행복하게 살 수 있었던 시대라면, 우리 헌법에서 보장하고 있는 '거주·이전의 자유'나 '여행의 자유'가 별로 중요하지 않을 거예요. 하지만, 지금처럼 교통이 발달한 시대, 일을 위해서든 교육이나 문화를 위해서든 자주 이동해야 하는 사회에서는 아주 중요한 인권이 됩니다.

'장애인 이동권'도 그렇습니다. 불과 20~30년 전까지만 해도 누구도, 심지어 장애인 당사자마저도 여기에 별로 관심을 두지 않았어요. 하지만 지금은 매우 중요한 권리가 되었습니다. 지난 20년 동안 장애 당사자들이 엄청난 희생을 겪으면서 끈질기게 투쟁한 결과예요. 이제는 주차장을 만들어도 가장 좋은 자리를 장애인 주차 구역으로 비워 두어야 합니다. 건물을 지을 때 입구에 경사로를 의무적으로 설치해야 하는 것도 그렇고, 시각장애인을 위한 점자 유도 보도블록도 마찬가지예요. 이 모든 것이 장애인의 이동권을 보장하기 위해서입니다. 예전에는 인권 수준이 높지 않아서 보지 못했던 문제를 이제 인식하기 시작한 거죠.

이처럼 시대가 변하면서 새로운 인권 문제가 제기됩니다. 그러니 앞으로는 또 어떤 인권 문제가 불거질지 아무도 모르는 일이에요. 어쩌면 너무 익숙해서 의식조차 못 한 곳에서 불쑥 튀어나올 수도 있지요. 그러면서 지금은 익숙하게 받아들이는 평범한 사회현상을 인권으로 되새길지 모르는 일이에요. 분명한 건, 인권의 폭이 갈수록 넓어지고 있다는 거예요.

인권은 모든 사람이 갖는 소중한 권리지만, 그렇다고, 뭐든 내 맘대로 해도 되는 권리는 아닙니다. 이를테면 남의 권리를 빼앗은 사람, 다른 사람에게 해를 끼친 사람에게도 인권을 보장해야 하느냐는 의문이 생길 수 있겠지요. 당연히 그럴 권리는 보장받을 수 없습니다. 우리의 인권이 유일하게 멈춰서는 경우입니다.

남의 권리를 빼앗거나 해친 경우는 어떤 게 있을까요? 예컨대 내가 입사 시험에 합격했다. 그러면 나 때문에 떨어진 사람들은 나 때문에 일할 권리를 잃은 걸까요? 그렇지는 않습니다. 결과적으로 나 때문에 누군가가 떨어졌다고 해도, 내가 부정한 방법을 쓰지 않았고 경쟁이 공정했다면 그건 해를 끼쳤다고 볼 수 없으니까요. 문제는 상식적으로 용납할 수 없는 방법을 써서 다른 사람에게 해를 끼치는 경우겠죠. 그렇다면 해를 끼칠 우려, 가능성은 어떻게 판단하는 게 좋을까요? 이럴 때는 그 가능성이 명백한 것인지, 현존하는 위험이 있는지를 살펴야 해요. 은행은 돈을 보관하는 곳이라 언제든 은행 강도가 들어올 가능성이 있지만, 그런 우려만으로 은행을 드나드는 모든 고객의 신분증 검사를 한다면, 인권 침해라고 볼 수 있어요. 예컨대 신고가 들어왔거나 누군가 무기를 소지했을 때처럼 진짜 구체적인 위험이 있을 때만 그 가능성을 차단하거나 봉쇄할 수 있을 거예요.

남의 인권을 빼앗는 경우, 그게 특별히 해로운 경우에는 보통은 '범죄'가 됩니다. 이런 범죄를 저지른 사람들의 인권도 지켜 줘야 할까요? 범죄자와 관련된 인권 문제에 대해서는 오해가 많은 것 같아요. 범죄자의 인권을 말하면 마치 죄를 묻지도 않고 용서하자는 것으로 생각합니다. 하지만 그렇지 않아요. 기본적으로 범죄자는 자신이 잘못한 만큼, 인권을 제한당합니다. 벌금을 통해 재산을 빼앗거나, 징역형을 통해 신체의 자유를 빼앗는 거죠. 돈이든 자유든 빼앗기면 고통이 생기니까, 이로써 죗값을 치르도록 하는 거예요. 문제는 여기서 생깁니다.

범죄자라고 해서 그의 모든 권리를 빼앗을 수 있을까요? 의심만으로 단죄해도 되는 걸까요? 종종 분노한 여론에 휩싸여 인권 문제를 제대로 짚어 내지 못할 때가 많습니다. 그 사람이 범죄자임이 확실해질 때까지 그의 권리는 보장되어야 합니다. 범죄의 증거가 있는지 살펴야 하고, 재판도 받을 수 있게 해야죠. 변호사의 도움을 받는 것도 당연하고요. 설령 재판을 통해 범죄자로 확정되어도, 법률에 따라 정해진 인권은 제한할 수 있지만, 모든 인권을 다 빼앗을 수는 없어요. 교도소에 갇힌 수형자도 세끼 밥은 먹을 수 있어야 하고, 최소한의 공간에서 잠도 잘 수 있어야 합니다.

범죄와 연관이 없더라도 인권을 제한하는 경우가 있어요.

이를테면, 공동체를 위해서 개인이 희생해야 하는 경우겠죠. 그렇지만, 인권은 너무도 소중하기에, 인권을 제한할 때도 함부로 해서는 안 되고, 반드시 몇 가지 원칙을 지켜야 해요. 대한민국 헌법 제37조의 ②는 이 원칙에 대해 분명히 밝히고 있어요.

제37조 ② 국민의 모든 자유와 권리는 국가안전보장·질서유지 또는 공공복리를 위하여 필요한 경우에 한하여 법률로써 제한할 수 있으며, 제한하는 경우에도 자유와 권리의 본질적인 내용을 침해할 수 없다.

인권을 제한할 수는 있지만, 반드시 꼭 필요한 경우에만, 최소한의 범위 내에서만 할 수 있다는 원칙입니다. 뿐만 아니라, 인권을 제한하려면 반드시 법률에 근거해야 합니다. 여기서 말하는 '법률'은 국회에서 제정된 '법'만을 뜻합니다. 즉, 인권 제한은 법률이 아닌 명령이나 관행으로는 불가능하다는 말이죠. 사규나 회칙, 학칙으로도 인권을 제한할 수 없고, 대통령령이나 부령, 훈령, 예규, 조례, 규칙 같은 법령으로도 인권을 제한할 수 없다는 겁니다.

그러나 필요와 법률에 따라 인권을 제한하는 게 합법적이라도 해도, '본질적인 자유와 권리'는 제한할 수 없습니다. '본질적인 자유와 권리'가 무엇을 의미하는지는 나라마다 해석이 다를 수 있습니다. 미국 같은 나라에선 표현의 자유, 언론의 자유, 종교의 자유 등을 중요하게 여기고, 프랑스 같은 나라에선 집회와 시위의 자유, 사상의 자유 같은 것을 중요하게 여깁니다. 그들이 보기에 아무리 법률이 있어도 함부로 제한해선 안 되는 가장 중요한 인권이라는 거예요.

우리나라는 '집회 및 시위에 관한 법률'이 있어서, 이 법을 통해 집회와 시위의 자유를 제한하는 경우가 많은데, 미국이나 프랑스를 비롯한 세계 거의 모든 나라에서는 상상도 못 할 일입니다. 아예 집회와 시위에 관한 법률 자체가 없어요. 헌법으로 보장된 국민의 기본적 인권을 하위 법률을 통해 제한할 수 없다는 겁니다.

이상으로 우리는 인권과 관련한 몇 가지 원칙 혹은 원리를 살펴보았습니다. 이제부터는 이렇게 소중한 인권을 어떻게 하면 더욱 변화·발전시킬 수 있을지 생각해 보겠습니다.

인권이 걸어온 길, 인권이 가야 할 길

인권은 오랜 투쟁의 산물입니다. 역사를 보더라도 명백한 사실이에요. 일례로 참정권은 오늘날 민주 국가의 시민이라면 누구나 누리는 권리지요. 그러나 예전에는 그렇지 않았습니다. 동서양을 막론하고 예전에는 왕이 통치했습니다. 따라서 참정권은 한 사람만 누릴 수 있었죠. 그러던 것이 '누구나' 누릴 수 있는 권리가 된 것은 수많은 사람들이 피를 흘린 결과입니다.

프랑스는 1789년 혁명을 통해 민주 정치의 서막을 연 나라였어요. 이때부터 왕이나 황제처럼 혈통에 의해 국가 지도자가 정해지는 게 아니라, 국민의 선택에 의해 국가 지도자를 뽑는 민주적 제도가 시행되기 시작한 거죠. 바야흐로 왕정이 아닌, 공화정의 시대가 된 거예요. 그렇지만 이후에도 '누구나' 참정권을 갖지는 못했습니다. 프랑스 대혁명 이후 수립된 프랑스 제1공화국에서 참정권을 보장받은 사람들은 전부 남성이었고, 그것도 일부 부유한 부르주아 계급뿐이었어요. 프랑스의 시민 중에 참정권을 지닌 사람은 0.7퍼센트에 불과했답니다. 그나마 이것도 나폴레옹이 황제로 등극하면서 막을 내리게 됩니다. 나폴레옹이 워털루 전투에서 패배한 다음에는 아예 옛 왕정이 다시 권력을 차지하죠. 이후 100년 동안 프랑스는 혁명과 반동의 역사가 반복되었습니다.

하지만 정치적 격변과 함께 참정권은 조금씩 확대됩니다. 프랑스에서 여성은 1946년에야 남성과 동등한 참정권을 보장받게 됩니다. 무려 157년의 긴 세월을 통해 특권 계급, 남성의 전유물이던 참정권은 보편적인 권리가 됩니다. 그동안 프랑스 사람들이 끈질기고도 치열하게 투쟁한 결과입니다.

우리나라도 1894년 갑오 농민 전쟁을 시작으로, 1919년의 3·1혁명, 1948년의 4·3항쟁, 1960년의 4·19혁명, 1980년의 5·18혁명, 1987년의 6·10 민주 항쟁 등 숱한 혁명과 항쟁이 있었습니다. 그 과정에서 역사와 인권의 발전이 있었지요. "민주주의란 나무는 피를 먹고 자란다"는 말처럼 인권도 수많은 투쟁과 희생을 통해 진전되어 왔던 것입니다.

인권은 어떻게 하면 사람이 행복하게 살 수 있을까, 어떻게 하면 사람이 귀한 대접을 받으며 살 수 있을까 하는 인류의 오래된 질문에 대한 답을 찾는 과정에서 만들어진 개념이에요. 따라서 사람을 가장 중심에 놓고 있어요. 사람이 으뜸이라는 가치관을 '인본주의(人本主義)'라고 합니다. 하지만 이러한 인본주의는 많은 도전을 받고 있습니다. 가장 어려운 문제가 바로 '돈'입니다. 우리의 경제 체제는 자본주의(資本主義)지요. 사람이 중심에 있는 것과 돈이 중심에 있는 것은 엄청나게 달라요. 자본주의 사회에서 가난한 사람들이 인권을 제대로 보장받지 못하는 이유입니다. 이를 막기 위해서라도 인간 중심의 자본주의, 또는 '인간의 얼굴을 한 자본주의'가 되어야 해요.

인권에 대한 공부는 궁극적으로 사람이 무엇인지를 묻고 답하는 공부이기도 해요. 또한 정의가 무엇인지 묻고 답하는 과정이고, 상식이 무엇인지 묻고 답하는 과정이기도 해요. 그만큼 힘들고 지난한 작업이기도 합니다. 하지만 위축될 필요도 없고, 겁먹

을 필요도 없어요. 사람이 귀한 존재라는 믿음만 갖고 있으면, 우리
삶에서 중요한 것이 무언지 가려낼 능력만 있다면 그리 어려울 것도
없어요. 단군조선의 건국이념은 '홍익인간(弘益人間)'이었지요. 널리
인간을 이롭게 한다는 뜻이에요. 무엇이 사람에게 이로운 일인지,
무엇이 함께 잘 살 수 있는 길인지를 생각하면 됩니다. 그것이 곧 인
권을 깨닫는 길이에요. 이제 질문을 받도록 하죠.

당당하게 자기 권리를 주장하세요

청소년: 법치 국가라고 하지만, 현실에서는 법을 모르면 불이익을
받는 경우가 많은 것 같습니다. 법을 통해 자신의 인권을 지킬 방법
을 알려 주세요.

오창익: 한 개인이 법에 대해 일일이 파악하는 건 불가능해요. 그럴
필요도 없고요. 법치주의라는 건 우리 시민들이 아니라, 법을 집행
하는 사람들, 권력을 가진 사람들이 지켜야 할 규범입니다. 사회 시
간에 '죄형 법정주의'를 배웠죠? 범죄를 처벌할 때는 근거가 명확
해야 한다는 원칙이에요. 설령 살인을 저질렀다 해도 이를 처벌하
는 법이 없다면, 죄를 물을 수 없다는 거예요. 그래서 법에는 무엇이
죄가 되는지, 또 그 죄에 대해서는 어떤 처벌을 줘야 하는지가 일일
이 규정되어 있어요. '죄형 법정주의'의 원칙이 없다면, 권력을 가
진 사람 맘대로, 또는 판사나 검사 맘대로 처벌이 오락가락할 수도
있죠. 우리나라 법전에는 엄청나게 많은 죄가 정해져 있어요. '이런
것도 있나?' 싶을 정도로 시시콜콜한 것들까지 범죄로 정해 놓고
있어요.

　　예를 하나 들어 볼까요. '도로교통법'에는 과로 운전에

대한 처벌 규정도 있어요. 피곤한 상태에서 운전을 하면 안 된다는 일종의 훈시 규정이 아니라, 구체적인 처벌 조항까지 마련해 두고 있어요. 과로 운전을 하면 벌금 30만 원 이하의 처벌을 받을 수 있는 거죠. 그러면 과로의 기준은 뭘까요? 다크서클이 생기면 과로라고 보나요? 황당하잖아요. 평범한 시민의 상식으로 봐도 이해할 수 없는 법률, 너무한다 싶을 정도로 말이 안 되는 법률이 너무 많아요.

편의점 같은 곳에서 손님을 끌기 위해 라디오를 틀어 놓기도 하는데, 이것도 불법입니다. '경범죄 처벌법'에 그런 규정이 있어요. "악기·라디오·텔레비전·전축·종·확성기·전동기(電動機) 등의 소리를 지나치게 크게 내거나 큰소리로 떠들거나 노래를 불러 이웃을 시끄럽게 한 사람"을 처벌하는 조항이죠. 마트나 시장에 가면 "골라, 골라!" 하면서 손님을 끄는 모습을 자주 볼 수 있잖아요. 이런 호객 행위도 불법이에요. "한 사람 또는 여러 사람이 모이거나 다니는 곳에서 영업을 목적으로 떠들썩하게 손님을 부른 사람"을 처벌할 수 있도록 한 거죠. 법은 원래 시민의 인권을 보장하기 위한 역할을 해야 하는데, 거꾸로 시민의 인권을 침해하고, 불필요한 질서와 통제만을 강요하는 경우도 많아요.

법과 관련해서 당황스러운 일이 생길 수도 있어요. 방금 살펴본 것처럼 현실에서 제대로 지키기 어려운 법률도 있고, 황당한 법률도 있으니까 더 그렇겠죠. 예컨대 고등학교 학생들이 청소년 인권 문제를 가지고 서울 광화문에서 시국 선언을 했다고 합시다. 시국 선언은 기자회견이니까 집회 신고를 할 필요가 전혀 없는데, 오지랖 넓은 경찰이 청소년들의 시국 선언을 위축시키려고 수사 대상으로 삼을 수도 있어요. 기자회견장에서 사진을 찍고 학교에 학생들의 신상 정보를 요구할 수도 있어요. 물론 학교는 경찰의 요구에 응할 까닭이 없으니 거부하겠지요. 학생들이 무슨 불법 행위를 한 것도 아니고, 학교가 학생을 보호하는 건 너무 당연한 일이잖아요.

그러면 경찰은 교육청을 통해서 자료를 얻을 테죠. 그렇게 확보한 자료를 갖고 집으로 출석 요구서를 보낼 수도 있어요. '집회 및 시위에 관한 법률' 몇 조 몇 항을 위반했으니 조사할 게 있다며 오라는 거죠. 이러면 무섭습니다. 걱정되고 당황스럽죠. 잠도 잘 안 올 거예요. 하지만 걱정하지 마세요. 우리나라는 엄연히 민주 국가잖아요. 집회와 시위는 헌법이 보장하는 국민의 권리예요. 물론 경찰도 이 점을 잘 알고 있어요. 많은 경우, 이럴 때는 겁을 주려는 의도도 포함되어 있어요. 겁을 주려는데, 우리가 겁을 먹으면, 그건 저쪽의 의도가 먹히는 거잖아요. 이럴 때는 '쫄지 않는' 게 중요합니다. 법에 대해 잘 모르니 주변의 도움을 받으면 됩니다. 선생님이나 부모님께 말씀드리고, 인권 단체에 도움을 청하세요. 도움을 받을 거예요.

청소년들이 '저작권법' 위반으로 곤란한 처지가 되는 경우도 있습니다. 인터넷 공간을 떠도는 웹툰을 내려받아 자신의 블로그에 올렸는데, 어느 날 갑자기 '경고장'이 날아옵니다. 저작권법 위반이라며, 징역 5년 이하의 처벌을 받게 될 거라 합니다. 그렇지만 아직 어린 청소년이니 문제를 해결할 기회를 줄 테니, 변호사 사무실로 연락을 하랍니다. 연락을 하면 돈을 달라고 합니다. 합의해 줄테니 얼마를 내라는 거죠. 그게 학생들 입장에선 큰 액수입니다. 이걸 부모님께 알리지도 못하고 속병을 앓는 경우가 많아요.

그렇지만, 여러분, 세상일에는 모두 다 해결 방법이 있어요. 역시 선생님이나 부모님과 의논하거나 인권 단체에 물어보면 답을 찾을 수 있어요. 당장 포털 사이트에 어떻게 하면 좋겠냐고 질문을 올려 보세요. 쓸 만한 여러 답변이 달립니다. 그러니 부디 '쫄지' 마세요. 권력을 가진 사람들이 동원하는 게 바로 이런 법률적 협박이에요. 일단 법률 용어 자체가 어렵잖아요. 읽어 봐도 무슨 말인지 모르는 경우도 많습니다. 막연하게 내가 뭔가를 잘못해서 벌을 받는구나 싶기만 합니다. 그러면 저쪽은 반은 이긴 거나 다름없어요.

상대방이 공포를 느끼기 시작했으니까요.

　　　　이를테면 어떤 대학생에게 집회에 참석했다며, 경찰이 출석 요구를 할 수 있어요. 경찰서에 가니 경찰관이 "별거 아닌데, 그저 각목을 들고 몇 번 휘둘렀다고만 해. 그러면 간단한 서류만 작성하고 보내줄게"라고 말했다고 합시다. 난생처음 경찰서에 온 사람이 심문을 받으면, 누구든 긴장하기 마련이죠. 빨리 벗어나고 싶다는 생각뿐이죠. 그래서 어떤 사람들은 자기가 하지 않은 일인데도 경찰관이 시키는 대로 순순히 답변을 하기도 하죠. 문제는 여기서 시작돼요. 당장은 집에 보내 줄지도 모르지만, 공무 집행 방해, 폭행, 상해 등의 혐의가 잔뜩 적힌 구속 영장이 발부되어 교도소에 갈 수도 있어요. 피의자가 되어 조사받는 사람은 아무리 사실이어도 자신에게 불리한 진술은 하지 않을 권리가 있어요. 그러니 사실이 아닌 것을 말할 까닭은 전혀 없죠. 모르는 것은 모른다고, 기억나지 않는 것은 기억나지 않는다고 말하면 돼요. 아예 말을 하지 않아도 돼요. 피의자는 '묵비권'을 보장받을 수 있습니다. 경찰관들도 이런 걸 잘 알고 있어요. 증거가 없으니 사람을 헷갈리게 해서 함정에 빠트리는 경우가 있는 거죠. 이것만 인정하면 된다, 여기에 서명만 하면 된다, 그러면 집에 갈 수 있다고 꼬드기더라도 절대 넘어가면 안 됩니다. 자기에게 불리한 것을 인정하면 큰일 납니다. 구속될 수도 있으니까요. 그러니까 절대로 '쫄지' 마세요. 험상궂게 생긴 경찰관이 협박해도, 잘생긴 경찰관이 회유해도 절대 넘어가지 마세요. 민주 국가의 시민답게 당당하게 자기 권리를 주장하고 지킬 수 있어야 해요.

청소년: 자기 의사를 정확하게 표현할 수 없는 분들의 경우 어떻게 인권을 보호할 수 있을까요? 예컨대 중증 장애인이나 정신 질환자 같은 경우에는 어떻게 해야 하나요.

오창익: 가급적 최선을 다해 그분들의 의견을 듣기 위해 노력해야 겠죠. 하지만 아무리 노력해도 불가능한 경우도 있지요. 그럴 때는 '친권자(親權者)'가 그 역할을 해야죠. 일종의 보호자 같은 개념입니다. 사실 친권자라는 개념은 청소년의 경우에도 많이 적용됩니다. 휴대 전화를 개통하려고 해도 혼자서는 못 하잖아요. 부모님의 동의를 받아야 하는 거죠. 누군가 믿을 만한 사람이 대신해 주는 거죠. 그렇지만 아무리 부모님이라고 해도, 여러분의 의사를 완벽하게 대신해 주지 못할 수도 있잖아요. 주의해야 할 점은 친권자라고 해서 당사자의 의사를 언제든지 잘 반영하기만 하느냐는 겁니다. 나이가 어리다는 이유로, 또는 장애가 있다는 이유로 대신 발언하는 것이 언제나 꼭 옳은 것만은 아닐 수도 있다는 것도 생각해 봤으면 해요.

만 19세가 되기 전에는 선거권이 없습니다. 아직 어리기 때문에 정치적으로 성숙한 판단을 할 수 없다는 거겠죠. 선거권이 없으니 정치적·사회적 발언권도 없어요. 그래도 말은 할 수 있지만, 곧잘 무시당하곤 합니다. 뭘 안다고 떠드느냐는 반응이 돌아오기도 합니다. 청소년들이 자기 의사를 밝히기 위해 대자보를 쓰기도 하고, 집회를 하는 경우도 있어요. 당연한 일이죠. 4·19혁명 때는 초등학생들도 시위에 참여했으니까요. 그가 누구이든 나이가 어떻든 자신의 의견을 자유롭게 말할 수 있어야 합니다. 그런데 청소년들이 자기 의견을 갖고 말하면, 누가 시켰냐고 묻는 경우가 많아요. 어린 사람들의 의견이라 무시하는 거죠.

어떤 사회든 다양한 소수자가 존재합니다. 어떤 경우든 소수자가 발언할 기회를 막아선 안 됩니다. 소수자들이 스스로 주체가 되도록 도와야 합니다.

청소년: 인권을 침해당해도 말 못 하는 이유 중 하나는 집단주의 때문인 것 같습니다. 개인보다 공동체가 더 중요하다는 거지요. 그런

분위기에서 권리를 주장하면 마치 내가 이기적인 사람이 되는 것 같거든요. "왜 너만 유별나게 그러니." "우리를 봐서 참아라." 이런 거죠.

> **오창익**: 그런 문화가 있는 게 사실입니다. 나보다 우리를 강조하는 문화가 꼭 잘못된 것은 아닌데, 별로 필요한 일이 아닌데도 무조건 개인에게만 참으라고 강요하는 건 잘못입니다.
>
> 물론 인권도 제한될 수 있습니다. 내가 하고 싶다고 뭐든 할 수 있는 건 아니니까요. 쓰레기를 아무 곳에나 버릴 권리, 도로 한복판에 주차할 권리 같은 것은 없습니다. 개인의 권리가 공동체의 이익과 충돌될 때도 있죠. 나도 급하지만, 소방차나 구급차처럼 긴급 자동차가 갈 때는 길을 비켜 줘야 하죠. 때론 공동체의 이익 때문에, 때론 위급한 사람에게 양보할 수도 있는 겁니다. 이게 바로 인권에 제한을 두는 까닭입니다.
>
> 인권을 제한할 때는 앞서 설명한 것처럼, 꼭 필요할 때만, 합리적으로 최소한의 범위 내에서만 해야 하고, 반드시 법률적 근거가 있어야 합니다. 물론 어떤 경우에도 본질적인 인권은 제한할 수 없죠. 이런 원칙들을 다 충족하는 건지, 아니면 단지 관행 때문에, 또는 개인을 존중하지 않는 문화 때문인지는 잘 살펴봐야 할 것 같아요.

청소년: 요즘 스스로 '잉여'라고 지칭하는 사람들이 많습니다. 자기 권리를 주장하기보다는 냉소하고 포기하는 모습을 보는 것 같아 안타깝습니다. 인권 의식을 키우려면 어떻게 해야 할까요?

> **오창익**: 인권 의식은 교육을 통해서 키울 수 있습니다. 그러니 학교에서부터 인권에 대해 적극적으로 가르쳐야 합니다. 학생들 두발

단속이나 하고 있을 때가 아니에요. 어떤 학교에서는 학생들의 두 발이나 복장과 관련한 학칙을 학생들이 자율적으로 정하기도 해요. 그런데 재미있는 것은 학생들이 학생회를 통해 토론을 하고 함께 결정하면 어떤 경우는 선생님들이 정한 것보다 더 보수적인 결정이 나오기도 한다는 거예요. 스스로 알아서 하는 겁니다. 존중받는 사람은 그만큼 성숙한 모습을 보입니다. 또 일단 결정이 내려지면, 기꺼이 따르기도 합니다. 자신이 결정한 거니까요.

노숙인들에게 무료 급식을 제공하는 곳이 여럿 있지만, 그중에서도 자율 급식을 하는 곳이 있습니다. 알아서 먹고 싶은 만큼 덜어 먹도록 하는 겁니다. 이 식당에는 때마다 제철 과일이 나오기도 합니다. 과일도 마찬가지로 먹고 싶은 만큼 먹을 수 있죠. 그런데 놀라운 것은 아무도 과일을 필요 이상으로 가져가지 않는다는 거예요. 누가 시킨 것도 아닌데, 꼭 한 개씩만 가져간답니다. 이분들이 사회적으로 높은 평가를 받는 분들이 아니잖아요. 돈이 많은 것도 아니고, 공부를 많이 한 것도 아니에요. 그렇지만, 사람은 존중받은 만큼 스스로 품격을 유지하려고 하죠. 사람은 그런 존재예요. 쓰레기가 잔뜩 쌓인 곳에서는 아무 데나 버리던 사람도 깨끗하게 청소된 호텔 로비에서는 쓰레기통을 찾기 마련입니다.

세상이 아무리 나를 잉여 취급하려고 해도, 나만은 그런 시선을 거부해야 합니다. 곰곰이 생각해 보면, 나를 받아 줄 사람, 나를 긍정해 줄 사람, 나를 사랑해 줄 사람은 궁극적으로는 나밖에 없답니다. 나 자신도 나를 존중하지 않는데, 도대체 누가 나를 존중할까요? 자기가 자신에게 잉여라고 말하는 건, 스스로 노예라고 인정하는 것과 다르지 않아요.

역시 좋은 답은 교육에 있을 거예요. 좋은 교육이 인권을 지키고, 인권을 진전시킵니다. 언젠가 여러 나라의 교육 전문가들이 하는 이야기를 들으니, 다들 교육의 목적은 '자존감 형성'이라더군요. 맞아요. 교육은 그저 상급 학교 진학을 위한 것이거나, 일자리를 잘 얻기 위한 수단이 아니라, 나를 긍정하고, 이해하고, 사랑하는 근거를 마련하고, 그럴 수 있는 힘을 갖게 하는 거예요. 인권은 사람을 존중하기 위한 것입니다. 그러니 인권은 당연히 자기 존중의 토양에서만 싹틀 수 있습니다.

부록-〈세계 인권 선언〉

번역: 조효제(성공회대학교 교수)

세계 인권 선언 *

[전문]

우리가 인류 가족의 모든 구성원들이 지닌 타고난 존엄성을 인정하고, 그들에게 남과 똑같은 권리 그리고 빼앗길 수 없는 권리가 있다는 사실을 인정할 때, 자유롭고 정의롭고 평화적인 세상의 토대가 마련될 것이다.

인권을 무시하고 짓밟은 탓에 인류의 양심을 분노하게 한 야만적인 일들이 발생했다. 따라서 보통 사람들이 바라는 가장 간절한 소망이 있다면 그것은 모든 사람이 말할 자유, 신앙의 자유, 공포로부터의 자유, 그리고 결핍으로부터의 자유를 누릴 수 있는 세상의 등장이라고 우리 모두가 한목소리로 외치게 되었다.

인간이 폭정과 탄압에 맞서, 최후의 수단으로, 무장봉기에 의지해야 할 지경에까지 몰리지 않으려면, 법의 지배로 인권이 반드시 보호되어야 한다.

오늘날 여러 나라 사이에서 친선관계의 발전을 도모하는 일은 참으로 긴요해졌다.

유엔에 속한 여러 인민은 유엔 헌장을 통해 기본 인권에 대한 신념, 인간의 존엄성 및 가치에 대한 신념, 남성과 여성의 평등한 권리에 대한 신념을 재확인했으며, 더욱 폭넓은 자유 속에서 사회 진보 및 더 나은 생활수준을 촉진시키자고 다짐한 바 있다.

유엔 회원국은, 유엔과 협력하여, 인권과 기본적 자유를 모두 함께 존중하고 준수하며, 그것을 증진하자고 약속했었다.

그런데 이러한 서약을 온전히 실현하려면 인권이 무엇인지, 또 자유가 무엇인지에 관해 모든 사람이 공통적으로 이해하는 것이 무엇보다도 중요하다.

따라서 이제, 유엔총회는 사회의 모든 개인과 모든 조직이 이 선언을 언제나 마음속 깊이 간직하면서, 가르침과 배움을 통해 이러한 권리와 자유가 존중되도록 애써 노력하며, 국내에서든 국제적으로든, 전향적이고 지속적인 조치를 통해 이러한 권리와 자유가 보편적이고 효과적으로 인정되고 지켜지도록 애써 노력하기 위하여, 모든 인민과 모든 국가가 다 함께 달성해야 할 하나의 공통된 기준으로서 세계 인권 선언을 유엔 회원국의 인민뿐 아니라 회원국의 법적 관할 하에 있는 영토의 인민에게 선포하는 바이다.

* 1948년 12월 10일 유엔에서 제정되었다. '한국어 공식 번역문'이 있지만 좀 더 정확한 이해를 돕기 위해 조효제 교수의 번역문을 실었다. 『인권을 찾아서』(한울아카데미, 2011)에서 옮김.

[제1조]
모든 사람은 자유로운 존재로 태어났고, 똑같은 존엄과 권리를 가진다. 사람은 이성과 양심을 타고났으므로 서로를 형제애의 정신으로 대해야 한다.

[제2조]
모든 사람은, 인종, 피부색, 성, 언어, 종교, 정치적 견해 또는 그 밖의 견해, 출신 민족 또는 사회적 신분, 재산의 많고 적음, 출생 또는 그 밖의 지위에 따른 그 어떤 종류의 구분도 없이, 이 선언에 나와 있는 모든 권리와 모든 자유를 누릴 자격이 있다.
더 나아가, 어떤 사람이 속한 곳이 독립국이든, 신탁 통치령이든, 비자치령이든, 그 밖의 어떤 주권상의 제약을 받는 지역이든 상관없이, 그곳의 정치적 지위나 사법 관할권 상의 지위 혹은 국제적 지위를 근거로 사람을 구분해서는 절대로 안 된다.

[제3조]
모든 사람은 생명을 가질 권리, 자유를 누릴 권리, 그리고 자기 몸의 안전을 지킬 권리가 있다.

[제4조]
어느 누구도 노예가 되거나 타인에게 예속된 상태에 놓여서는 안 된다. 노예제도와 노예 매매는 어떤 형태로든 일절 금지된다.

[제5조]
어느 누구도 고문, 또는 잔인하고 비인도적이거나 모욕적인 대우 또는 처벌을 받아서는 안 된다.

[제6조]
모든 사람은 그 어디에서건 법 앞에서 다른 사람과 똑같이 한 인간으로 인정받을 권리가 있다.

[제7조]
모든 사람은 법 앞에 평등하며, 어떤 차별도 없이 똑같이 법의 보호를 받을 자격이 있다. 모든 사람은 이 선언에 위배되는 그 어떤 차별에 대해서도, 그리고 그러한 차별에 대한 그 어떤 선동 행위에 대해서도 똑같은 보호를 받을 자격이 있다.

[제8조]
모든 사람은 헌법 또는 법률이 보장하는 기본권을 침해당했을 때 해당 국가의 법정에 의해 적절하게 구제받을 권리가 있다.

[제9조]
어느 누구도 함부로 체포 또는 구금되거나 해외로 추방되어서는 안 된다.

[제10조]
모든 사람은 자신의 권리와 의무가 무엇인지를 가려내고, 자신에게 가해진 범죄 혐의에 대해 심판받을 때에, 독립적이고 불편부당한 법정에서 다른 사람과 똑같이 공정하고 공개적인 재판을 받을 자격이 있다.

[제11조]
1. 형사상 범죄 혐의로 기소당한 사람은 누구나 자신의 변호를 위해 필요한 모든 법적 보장이 되어 있는 공개재판에서 법에 따라 정식으로 유죄 판결이 나기 전까지는 무죄로 추정받을 권리가 있다.

2. 어떤 사람이 그전에 국내법 또는 국제법상으로 범죄가 아니었던 일을 행하거나 행하지 않았던 것을 두고 그 후에 유죄라고 판결해서는 안 된다. 또한 범죄를 저지른 당시에 부과할 수 있었던 처벌보다 더 무거운 처벌을 그 후에 부과해서도 안 된다.

[제12조]
어느 누구도 자신의 사생활, 가족 관계, 가정, 또는 타인과의 연락에 대해 외부의 자의적인 간섭을 받지 않으며, 자신의 명예와 평판에 대해 침해를 받지 않는다. 모든 사람은 그러한 간섭과 침해에 대해 법의 보호를 받을

권리가 있다.

[제13조]
1. 모든 사람은 자기 나라 내에서 어디에든 갈 수 있고, 어디에든 살 수 있는
자유를 누릴 권리가 있다.

2. 모든 사람은 자기 나라를 포함한 어떤 나라로부터도 출국할 권리가 있으
며, 또한 자기 나라로 다시 돌아올 권리가 있다.

[제14조]
1. 모든 사람은 박해를 피해 다른 나라에 가서 피난처를 구할 권리와 그것
을 누릴 권리를 가진다.

2. 그러나 이 권리는 순수하게 비정치적 범죄로써 제기된 법적 소추, 또는
유엔의 목적과 원칙에 위배되는 행위로써 제기된 법적 소추의 사례에는 적
용되지 않는다.

[제15조]
1. 모든 사람은 국적을 가질 권리가 있다.

2. 어느 누구도 함부로 자신의 국적을 빼앗기지 않으며, 또한 자신의 국적
을 바꿀 권리를 부정당하지 않는다.

[제16조]
1. 성인이 된 남녀는 인종이나 국적, 종교에 따른 어떠한 제약도 받지 않고,
결혼할 수 있는 권리 그리고 가정을 이룰 권리가 있다. 남성과 여성은 결혼
도중 그리고 이혼할 때, 혼인과 관련된 모든 문제에 있어 서로 똑같은 권리
를 가진다.

2. 결혼은 오직 배우자가 되려고 하는 당사자 간의 자유롭고 완전한 합의에
의해서만 유효하다.

3. 가정은 사회의 자연적이고 기본적인 구성 단위이므로 사회와 국가의 보

호를 받을 자격이 있다.

[제17조]
1. 모든 사람은, 다른 사람들과 공동으로 재산을 소유할 권리 그리고 단독으로 재산을 소유할 권리가 있다.

2. 어느 누구도 자기 재산을 함부로 빼앗기지 않는다.

[제18조]
모든 사람은 사상의 자유, 양심의 자유, 그리고 종교의 자유를 누릴 권리가 있다. 이러한 권리에는 자신의 종교 또는 신앙을 바꿀 자유도 포함된다. 또한 이러한 권리에는 혼자 또는 다른 사람과 함께, 공개적으로 또는 사적으로, 자신의 종교나 신앙을 가르치고 실천하고 예배드리고 엄수할 자유가 포함된다.

[제19조]
모든 사람은 의사 표현의 자유를 누릴 권리가 있다. 이 권리에는 간섭받지 않고 자기 의견을 가질 수 있는 자유와, 모든 매체를 통하여 국경과 상관없이 정보와 생각을 구하고 받아들이고 전파할 수 있는 자유가 포함된다.

[제20조]
1. 모든 사람은 평화적 집회 및 결사의 자유를 누릴 권리가 있다.

2. 어느 누구도 어떤 모임에 소속될 것을 강요당해서는 안 된다.

[제21조]
1. 모든 사람은 자기가 직접 참여하든 또는 자유롭게 선출된 대표를 통해서 간접적으로 참여하든 간에, 자기 나라의 국가 운영에 참여할 권리가 있다.

2. 모든 사람은 자기 나라의 공직을 맡을 동등한 권리가 있다.

3. 인민의 의지가 정부 권위의 토대를 이룬다. 인민의 의지는, 주기적으로

시행되는 진정한 선거를 통해 표출된다. 이러한 선거는 보통선거와 평등선거로 이루어지고, 비밀투표 또는 비밀투표에 해당하는 자유로운 투표 절차에 따라 시행된다.

[제22조]
모든 사람은 사회의 구성원으로서 사회보장을 받을 권리가 있다. 또한 모든 사람은, 국가의 자체적인 노력과 국제적인 협력을 통해, 그리고 각 나라가 조직된 방식과 보유한 자원의 형편에 맞춰 자신의 존엄성과 인격의 자유로운 발전에 반드시 필요한 경제적·사회적·문화적 권리를 실현할 자격이 있다.

[제23조]
1. 모든 사람은 노동할 권리, 자유롭게 직업을 선택할 권리, 공정하고 유리한 조건으로 일할 권리, 그리고 실업 상태에 놓였을 때 보호받을 권리가 있다.

2. 모든 사람은 어떠한 차별도 받지 않고 동일한 노동에 대해서 동일한 보수를 받을 권리가 있다.

3. 모든 노동자는 자신과 그 가족이 인간적으로 존엄을 지키고 살아갈 수 있도록 보장해 주는 정당하고 유리한 보수를 받을 권리가 있다. 또한 이러한 보수가 부족할 때에는 필요하다면 여타 사회 보호 수단을 통해 부조를 받을 권리가 있다.

4. 모든 사람은 자신의 이익을 지키기 위해 노동조합을 결성하고 그것에 가입할 권리가 있다.

[제24조]
모든 사람은 휴식을 취하고 여가를 즐길 권리가 있다. 이러한 권리에는 노동 시간을 적절한 수준으로 제한할 수 있는 권리 그리고 정기적인 유급 휴가를 받을 권리가 포함된다.

[제25조]

1. 모든 사람은 자신과 가족의 건강과 안녕에 적합한 생활수준을 누릴 권리가 있다. 이러한 권리에는 음식, 입을 옷, 주거, 의료, 그리고 생활에 필요한 사회 서비스 등을 누릴 권리가 포함된다. 또한 실업 상태에 놓였거나, 질병에 걸렸거나, 장애를 당했거나, 배우자와 사별했거나, 나이가 많이 들었거나, 그 밖에 자신의 힘으로 어찌할 수 없는 상황에 처해 생계가 어려워진 모든 사람은 사회나 국가로부터 보호를 받을 권리가 있다.

2. 자식이 딸린 어머니 그리고 어린이와 청소년은 사회로부터 특별한 보살핌과 도움을 받을 자격이 있다. 모든 어린이와 청소년은 그 부모가 결혼한 상황에서 태어났건 아니건 간에 똑같은 보호를 받는다.

[제26조]

1. 모든 사람은 교육받을 권리가 있다. 적어도 초등 교육과 기본 교육 단계에서는 무상 교육을 해야 한다. 초등 교육은 의무적으로 실시해야 한다. 보통 사람들이 큰 어려움 없이 기술 교육과 직업 교육을 받을 수 있어야 하며, 고등 교육은 오직 학업능력으로만 판단하여 모든 사람에게 똑같이 개방되어야 한다.

2. 교육은 인격을 온전하게 발달시키고, 인권과 기본적 자유를 더욱 존중할 수 있도록 그 방향을 맞춰야 한다. 교육은 모든 국가, 모든 인종 집단 또는 모든 종교 집단이 서로 이해하고 서로 너그러운 마음으로 포용하며 친선을 도모할 수 있게 해야 하고, 평화를 유지하기 위한 유엔의 활동을 촉진해야 한다.

3. 부모는 자기 자녀가 어떤 교육을 받을지를 우선적으로 선택할 권리가 있다.

[제27조]

1. 모든 사람은 자기가 속한 공동체의 문화생활에 자유롭게 참여할 권리, 예술을 즐길 권리, 학문적 진보와 그 혜택을 다 함께 누릴 권리가 있다.

2. 모든 사람은 자신이 만들어낸 모든 학문, 문예, 예술의 창작물에서 생기는 정신적·물질적 이익을 보호받을 권리가 있다.

[제28조]
모든 사람은 이 선언에 나와 있는 권리와 자유가 온전히 실현될 수 있는 사회 체제 및 국제 체제 내에서 살아갈 자격이 있다.

[제29조]
1. 모든 사람은 자신이 속한 공동체에 대하여 의무를 진다. 어떤 사람이든 그러한 공동체를 통해서만 자신의 인격을 자유롭고 온전하게 발전시킬 수 있다.

2. 모든 사람이 자신의 권리와 자유를 온전하게 행사할 수 있지만, 다음과 같은 경우에는 예외적으로 그러한 권리와 자유가 제한될 수 있다. 즉, 타인에게도 나와 똑같은 권리와 자유가 있다는 사실을 인정하고 존중해 주기 위해 제정된 법률, 그리고 민주사회의 도덕률과 공중 질서, 사회 전체의 복리를 위해 정당하게 요구되는 사안을 충족시키기 위해 제정된 법률에 의해서는 제한될 수 있다.

3. 그 어떤 경우에도 이러한 권리와 자유를 유엔의 목적과 원칙에 어긋나게 행사해서는 안 된다.

[제30조]
이 선언에 나와 있는 어떤 내용도 다음과 같이 해석해서는 안 된다. 즉, 어떤 국가, 집단 또는 개인이 이 선언에 나와 있는 그 어떤 권리와 자유라도 파괴하기 위한 활동에 가담할 권리가 있다고 암시하거나, 그러한 행동을 할 권리가 있다는 식으로 해석해서는 절대로 안 된다.